P9-DZA-579

cómo hacerle
el
amor
a una
mujer

Michael Morgenstern

cómo hacerle
el
amor
a una
mujer

EDITORIAL DIANA
MEXICO

1a. Edición, Abril de 1985
20a. Impresión, Octubre de 1997

Diseño de portada: Carlos Valdés Quesada

ISBN 968-13-1687-8

Título original: HOW TO MAKE LOVE A WOMAN — Traductora: Elena de la Rosa — DERECHOS RESERVADOS © — Copyright © 1982 by Michael Morgenstern — Edición original en inglés publicada por Clarkson N. Potter, Inc., New York, N.Y., U.S.A. — Copyright © 1985 por EDITORIAL DIANA, S. A., Roberto Gayol 1219, México 12, D. F. — *Impreso en México — Printed in Mexico.*

El autor agradece el permiso de reproducir de las siguientes publicaciones: "Cómo Tratar a una Mujer" de *Camelot* por Alan Jay Lerner & Frederick Lowewe. Derechos de autor © 1960 por Alan Jay Lerner & Frederick Lowewe Chapell & Co., Inc., propietario de la publicación y demás derechos en todo el mundo. Derechos de autor internacionales asegurados. Todos los derechos reservados. *La Segunda Etapa* por Betty Friedan. © 1981 por Betty Friedan. Reproducido con la autorización de Summit Books, División de Simon & Schuster de Gulf & Western Corporation. *Mujeres Enamoradas* por D. H. Lawrence. Derechos de autor 1920, 1922 por D. H. Lawrence. Derechos de autor renovados 1948, 1950 por Frieda Lawrence. Reproducido con la autorización de Viking Penguin Inc.

Agradecimientos

Primero, deseo agradecer a las docenas de personas que conversaron conmigo con tanta sencillez durante las entrevistas que forman la base de este libro. Son demasiadas para agradecerles de manera individual, pero debo señalar las aportaciones de algunas cuya contribución fue de suma utilidad: Jim Allen, Beth Atkin, Orith Bender, Norma Lee Clark, Joseph Hartzler, Susan Korb, Alice Long, Helen Manning, Susan Hunter, Karen Hutson, Melody Kimmel, Roni Margolis, Bonnie Naifeh, Wendy Resnick, Christine Reynolds, Gaby Rodgers, Arthur Slaven, Nancy Starr, Maurizia Tovo y Dimitri Vassilopoulos. Los doctores Barbara Mitchell, Departamento de Obstetricia y Ginecología, y Robert Wilkins, Departamento de Radiología, ambos del Centro Médico Monte Sinaí de Nueva York, proporcionaron asesoría e información médica pertinente. Además, debo un agradecimiento especial a cuatro psicólogos, el doctor Bryan Campden-Main y Mary Linda Fara, de Fairfax, Virginia; el doctor Lewis M. K. Long, de Arlington, Virginia; y la doctora Marilyn Machlowitz, de Nueva York. El personal de Ray's Escort Service de Nueva York también contribuyó con una aportación importante a este libro.

Mi agente, Connie Clausen, me brindó apoyo y comprensión durante el tiempo de elaboración de este libro. También deseo agradecerle a Carol Southern, mi editor en Clarkson N. Potter.

Finalmente, mis dos amigos, Steven Naifeh en Nueva York, y Gregory White Smith en Los Ángeles, fueron de una ayuda inestimable en la investigación y creación de este libro. Sin sus aportaciones, éste no hubiera sido posible.

M. M.
Ciudad de Nueva York

Al Sexo Bello

"¿Cómo tratar a una mujer?
Existe una forma", dijo un viejo sabio.
"Forma que conoce toda mujer
Desde que empezó toda la jerigonza".

"¿La halago?" Le supliqué que respondiera.
"¿Amenazo o adulo o ruego?
¿Cavilo o actúo como el galán alegre?"
"No, no". Dijo él, sonriendo.

"¿Cómo tratar a una mujer?
Recuerda mis palabras, yo te diré cómo hacerlo.
La forma de tratar a una mujer
Es quererla,
Sencillamente quererla,
Meramente quererla,
Quererla,
Quererla."

Lerner y Loewe,
"Cómo tratar a una mujer"
de *Camelot*

Contenido

1

¿QUE QUIEREN LAS MUJERES?

Al igual que la mayoría de los hombres de mi edad, aprendí sobre el sexo mucho antes que sobre el amor. La mayoría de las mujeres que conozco llegó al mismo punto por el camino opuesto: fantasearon sobre el amor mucho antes de saber sobre el sexo. Actualmente, sigo convencido de que estos caminos distintos ayudan a explicar por qué los hombres y las mujeres están tan confundidos sobre la relación entre estas dos grandes fuerzas: amor y sexo.

De esto, condensado, es de lo que trata este libro: de sexo y amor. De cómo son diferentes, de cómo son similares, y sobre todo, de cómo son inseparables. Si el lector hubiera interrogado a todos los hombres en los Estados Unidos, cada año, durante las últimas dos décadas, sobre la relación entre el sexo y el amor, pienso que las respuestas hubieran variado bastante de un año a otro. Hemos pasado por un periodo de marcados cambios en las normas y papeles sexuales desde aquel día en los años cincuenta cuando le dije "no lo creo" a mi compañero de clase sabelotodo que trató de explicarme.

De hecho, ha habido tantos cambios, que la mayoría de los hombres ya no sabe qué pensar. En todas las revistas para caballeros se encuentra la pregunta: "¿qué quieren las mujeres?" Esta es una pregunta difícil, porque la respuesta cambia con demasiada frecuencia. Cuando se les dio a las mujeres lo que querían (y durante muchos años antes de eso), ellas querían un HOMBRE, con mayúsculas. Querían que se les pagara la cena, que se les acercara la silla, que se les abriera la puerta, que se les halagara la forma de cocinar, que se preservara su virginidad, y recibir el anillo rápidamente, o por lo menos eso pensábamos.

Después, de repente, más o menos cuando estaba yo en la universidad, las cosas empezaron a cambiar. En lo que parecía únicamente cuestión de días, las mujeres ya no anhelaban nada de lo anterior. En cambio, querían amor libre, no tener hijos, igualdad en los salarios, nuestros lugares en la facultad de medicina y de leyes, y después nuestros empleos. Al igual que muchos otros hombres, yo pensé que estas nuevas demandas eran completamente razonables y hasta las acogí. No todos los hombres estuvieron de acuerdo; pero curiosamente, no todas las mujeres querían hombres que estuvieran de acuerdo.

De tal manera, que después de años de buscar el romance y de poner a la mujer en un pedestal, el hombre trató de adaptarse a años de enfrentarse con la competencia y relacionarse como iguales. Para muchos de nosotros, esta transición no ha sido fácil. El sexo, necesidad humana duradera, sobrevivió bastante bien. En algunas formas, floreció bajo las nuevas normas más flexibles: intercambio entre solteros, uniones libres, cohabitación. De no haberse logrado nada más, la falta de normas realmente puso a prueba nuestra creatividad sexual.

¿Pero qué sucedió con el romance? ¿Qué sucedió con las cenas con velas y con las veredas de amantes y con los ramos de rosas? Desafortunadamente, muchas mujeres los consideraban recordatorios desagradables de los días en que ellas eran consideradas adornos subordinados, objetos de juego, diversiones. Al igual que les sucedió a millones de hombres, una mujer que me gustaba me hizo un escándalo porque yo era "romántico" a la antigua. Aprendí mi lección, aun cuando nunca me sentí totalmente cómodo de esta manera; traté de dejar de pensar en términos de romance. Sin embargo, realmente fue difícil para mí cuando una mujer con la que estaba involucrado me dijo que la tratara "como trataría a un hombre". En ese momento, me sentí totalmente perdido.

Descubrí que el dilema del hombre moderno se prolongaba hasta la cama. Las cosas que una vez pensé que realmente complacían a una mujer, como tomar la iniciativa, acariciarla, complacerla en todas las formas en las que yo sabía, de repente parecieron "sexistas", insulto extraño en este contexto. Nada quedaba inmune al cuestionamiento: las posiciones, técnicas, momento oportuno, papeles, bromas, y hasta las fantasías. Durante cierto tiempo pareció como si el romance, y a la vez el amor, fuera a desaparecer hasta de la cama.

Durante los últimos diez años más o menos, he conocido a docenas de hombres afectados por este problema. Algunos amigos me han llamado a medianoche después de que sus parejas se salieron del dormitorio debido a algo que dijeron o hicieron, o debido a algo que no dijeron o no hicieron. He pasado largas noches con grupos de hombres en los que el único tema de discusión ha sido lo que las mujeres *realmente* quieren. He visto el amanecer durante estas conversaciones sin encontrar respuestas satisfactorias.

Naturalmente, el problema yace en que estas conversaciones se llevaron a cabo con la gente equivocada. Me di cuenta de esto cuando una mujer que conozco me mencionó el libro de Alexandra Penney, *Cómo hacerle el amor a un hombre,* el cual está basado en cientos de entrevistas con *caballeros.* El error era obvio: debimos haber hablado con mujeres sobre cómo los hombres deben hacerle el amor a ellas.

Con la ayuda de Steve Maifeh y Greg Smith, empecé a conversar con toda aquella mujer que estuviera dispuesta a hablar sobre sexo y amor. A algunas de ellas las conocía bien, otras eran únicamente amigas de amigos, la mayoría eran completas extrañas. No importaba. Toda la información era de utilidad.

Lo que descubrimos en cientos de entrevistas, algunas de únicamente unos minutos de duración, otras de todo el día y toda la noche, algunas más realizadas en persona, muchas otras por teléfono, es que las mujeres también están confundidas. Los años de valores en cambio, el pasar de los bailes en la fraternidad a los romances en la oficina, las han dejado *a ellas* también confundidas. Muchas mujeres ya ni siquiera saben lo que buscan en el sexo.

Muchas se sienten "liberadas" y piensan que el movimiento feminista ha sido positivo para la mujer. Les ha demostrado lo que significa ser una persona independiente, con igualdad, una persona "completa". Pero realmente no están seguras de qué papel se supone que debe jugar el sexo en la vida de una mujer liberada "completa". ¿Cómo puede ser "igual" una mujer y al mismo tiempo ser diferente en la cama? ¿Qué significa femenino o masculino? ¿Se relaciona con la actitud, con los papeles sexuales, o es la anatomía la única diferencia? ¿Qué sucede con el sexo cuando las mujeres y los hombres se liberan de sus papeles sexuales tradicionales? Estas preguntas son importantes, y muchas personas, hombres y mujeres por igual, todavía no están seguras de las respuestas.

Después de hablar con muchas, muchas mujeres, una cosa quedó clara. Las mujeres sencillamente no están interesadas en el sexo sin amor. Quieren hombres que estén involucrados emocionalmente; hombres que muestren interés, antes, durante, y después del sexo. Quieren hombres que entiendan que el sexo es tanto dar como recibir, generosidad y gratificación mutua. Jóvenes o viejas, profesionistas o amas de casa, casadas o solteras, todas con las que he hablado quieren algo más aparte del sexo. Quieren hacer el amor y quieren que se les haga el amor.

El romance ha regresado. O quizás, como sugirió una mujer, en realidad nunca desapareció, sino que únicamente quedó bajo tierra por un tiempo. Todas esas cosas que los hombres solían hacer en los años cincuenta y de las que se reían en los sesenta y que se les olvidaron en los setenta, de repente están volviendo a aparecer en las fantasías de la mujer: velas, flores, música, regalos, cenas, paseos en lancha, baile, cortejo, halago, confianza, interés. He oído a muchas mujeres expresarse sobre estas cosas como si estuvieran volviendo a descubrir un mundo perdido que echaron mucho de menos.

Pero existe una diferencia. Las mujeres con las que he hablado no desean regresar a los cincuenta. Son mujeres brillantes, sumamente independientes. Muchas de ellas tienen una carrera que consideran parte importante y satisfactoria de sus vidas. Si su "liberación" se ha realizado en la oficina o en casa, las lecciones del movimiento feminista no se han perdido.

No. La mayoría de ellas quieren ser mujeres "completas", y quieren que el hombre respete esa integridad, hasta cuando hace el amor. Como me dijo una mujer: "el sexo es algo que haces con un órgano. El *amor* es algo que haces con una persona. El amor es sentirse emocionalmente cerca aun cuando no tengas ganas de sexo. El amor es tener *mejores* relaciones sexuales porque te *sientes* emocionalmente cerca. Lo que yo quiero es amor".

El movimiento de liberación femenina me enseñó a mí y a la mayoría de los hombres que conozco, una lección importante. Pero no fue una lección sobre igualdad. ¿Quién cree realmente en la segunda mitad del siglo veinte que las mujeres son "inferiores"? La verdadera lección del movimiento fue con respecto al *potencial*. Aprendimos que las mujeres tienen un potencial que en verdad nunca habíamos reconocido. Pueden ser ejecutivas tan fácilmente como son secretarias, gerentes tan fácilmente como son madres, amantes tan fácilmente como son damas. La mujer no ha cambiado, pero nuestro *concepto* de ella y de lo que puede hacer ha cambiado en una forma dramática.

El problema estriba en que la mujer sigue siendo mujer, y sigue teniendo las necesidades propias de la mujer. El hombre ha cometido el error de pensar que es diferente a como solía ser, más semejante al hombre; cuando, de hecho, únicamente es *más* de lo que solía ser. El hombre ha confundido la igualdad sexual con la uniformidad sexual.

Un desilusionado amigo mío, que estaba pasando por una racha de mala suerte con las damas, me comentó "me gustan las mujeres liberadas. No hay que preocuparse por ellas. Ellas se hacen cargo de sí mismas. Se obtiene lo mejor de ambos mundos: hay la misma falta de presión que con un amigo y al mismo tiempo hay sexo". Le dije que con esa actitud, no me sorprendía que tuviera mala suerte.

"Igual" no significa "idéntico", y la mayoría de las mujeres que conozco señala esto con prontitud. Hasta una feminista opina, "una mujer puede tener un puesto de responsabilidad, ganar tanto dinero como su marido o amante, y de todas formas ser femenina en la cama". La lección es clara: no porque respetes a una mujer, significa que no le puedas hacer el amor.

Sin embargo, muchas mujeres liberadas se quejan de que actualmente los hombres están demasiado intimidados para desempeñar un papel agresivo. Cuando ven a una mujer en una posición de autoridad, los hombres abandonan el papel tradicional de autoridad en la cama. Y como dice un amigo: "Hasta abrirle la puerta a una mujer, es provocar un desastre. Las mujeres lo ven como un vestigio del estereotipo prohibido. A mí en lo personal, una mujer me gritó por acercarle la silla. Ahora ya aprendí".

Irónicamente, las mujeres están tan alteradas como los hombres por lo que ha sucedido con los papeles sexuales y como comenta una amiga mía: "Los únicos hombres

que voltean a verme en la calle son extranjeros, los norteamericanos no voltean a verme, tienen miedo de que
me ofenda. Y no es únicamente mi imaginación, he hablado con muchos de ellos que confiesan tener miedo
de ser rechazados y considerados machos. Pienso que muchas mujeres liberadas están sexualmente insatisfechas.
No nos gusta lo que les hemos hecho a los hombres.
Quiero decir, hemos provocado que tengan miedo hasta
de su propia sombra sexual".

Reconocer el potencial completo de las mujeres, no
necesariamente significa renunciar a los antiguos papeles sexuales. Y éste no es únicamente el deseo de un hombre que disfruta de los antiguos papeles. Durante la dé-
cada de los cuarenta, un antropólogo llamado Frank
Beach, fue al África a estudiar culturas primitivas, en
las cuales los papeles ocupacionales del hombre y la mujer eran a la inversa. Las mujeres salían a los campos y
labraban la tierra, proveían alimento y protegían la al-
dea. Los hombres se quedaban en casa, realizaban las
tareas domésticas, y criaban a los niños.

El doctor Beach quiso averiguar qué sucedía cuando esta gente hacía el amor. Lo que averiguó le sorprendió. Independientemente de lo que hacían durante el día,
en la noche, en la mayoría de los casos, las mujeres
desempeñaban el papel "femenino", y los hombres el
"masculino". Con esto quiero decir que por lo general,
los hombres desempeñaban el papel agresivo al iniciar
y realizar el acto sexual.

Ha llegado el momento de volver a evaluar el acto
de hacer el amor, así como el papel que el hombre y la
mujer desempeñan. Ha llegado el momento de reafir-
mar una vez más, que está bien que el hombre le haga
el amor a la mujer. Si se le pregunta a cien mujeres
qué es lo que quieren del sexo en los años ochenta, el
noventa y nueve por ciento dirán que quieren regresar
al romance, regresar al galanteo y al cortejo, regresar a

los papeles sexuales tradicionales y a la calidez e intimidad que éstos pueden proporcionar.

"Todo lo que sé sobre el futuro —dice una alumna de C.U.M.Y. quien acaba de alcanzar su madurez como mujer a principios de los ochenta— es que quiero amar y ser amada. Quiero que el hombre sea un hombre para mí y yo quiero ser una mujer para él. Y, créame, pienso disfrutar esto".

Este libro es sobre el retorno al romance. Este libro es acerca de hacer el amor.

2

SE ACABO EL MACHO, SE ACABO EL FANFARRON

Recientemente pasé una velada con Suzanne, una mujer que conocí en la universidad. Nos vemos de vez en vez cuando ella viene de Washington a Nueva York por razones de trabajo. Al igual que yo, no se ha casado.

Estábamos cenando en un pequeño restaurante hindú cuando me preguntó qué estaba haciendo. Le dije que estaba escribiendo un libro sobre cómo hacerle el amor a una mujer. Ella mostró una gran sonrisa y dijo "háblame sobre tu libro", lo hice y escuchó con interés, la sonrisa permanecía en sus labios y de repente se ampliaba formando una encantadora risa.

—¿Sobre qué estás escribiendo ahora? —me preguntó.

—Sobre la liberación de la mujer, y el efecto que ha tenido en el sexo —contesté—. La mayoría de los hombres que conozco, y también las mujeres, que creen en el movimiento, no saben cómo actuar con respecto al otro. Siempre tienen miedo de hacer algo sexista.

—Creo que únicamente ves las cosas desde el punto de vista del hombre —opinó Suzanne, sin rastro de condescendencia—. El problema no es tanto la liberación de la mujer, sino la liberación del *hombre*. La mayoría de las mujeres que conozco se siente bien como mujer y como igual. Es a los hombres a quienes les está costando trabajo adaptarse.

23

—De hecho, Betty Friedman acaba de escribir un libro que se llama *La Segunda Etapa*. —Sacó un libro de su bolsa de lona— (Es sorprendente cómo Suzanne siempre está preparada). No trata de la liberación de la mujer, sino de la liberación del hombre.

—Escucha esto. Describe a los hombres como 'torpes, aislados, y confundidos'. Indudablemente está en lo cierto, para empezar. Con toda la atención que ha recibido el movimiento feminista durante los últimos quince años —continuó— no hemos notado que muchas de las antiguas bases para la identidad del hombre, han quedado tambaleantes. Por ejemplo, si se define ser hombre como ser *dominante, superior,* como *no ser una mujer,* esta definición se convierte en una ilusión difícil de mantener cuando la mayor parte del trabajo importante en la sociedad ya no requiere de fuerza muscular bruta . . . el problema es que, una vez que se deshacen de los antiguos patrones de masculinidad y éxito americanos, John Wayne, Charles Lindbergh, Jack Kennedy; los hombres de hoy se encuentran tan perdidos como las mujeres por falta de modelos.

Suzanne retiró la vista del libro. ¿Es sexista, me pregunté, seguir inmerso en sus grandes ojos azules?

—Esto es especialmente interesante —continuó ella—. Friedan dice que, debido al temor y confusión, los hombres se han alejado completamente de su masculinidad. Inundadas con información sexual proveniente de los medios masivos de comunicación, ellas (las mujeres) *notan,* y hasta lo comentan, cuando sus hombres no son buenos amantes. Los hombres, quienes solían ser la medida de todas las cosas, pueden de hecho retraerse o huir de la experiencia de ser medidos ellos mismos. Suena bastante pesimista ¿no es así?

¿Qué más podía hacer yo que asentir con la cabeza?

Sin embargo, se sorprenderían de lo optimista de sus predicciones. Dice que el movimiento femenino fue realmente un movimiento de la gente, y que el resultado va a ser una sociedad en la que todos, hombres y mujeres por igual, se sientan libres de expresar toda una serie de emociones, desde la fuerza y la autoconfianza hasta la suavidad y la vulnerabilidad. Será algo abierto y todo mundo saldrá beneficiado.

Suzanne prosiguió:

—En la actualidad, tanto los hombres como las mujeres piden una verdadera intimidad, compartir, *sentimientos* . . . parece extraño sugerir que existe una nueva frontera americana, una nueva aventura para los hombres, en esta nueva lucha por la *integridad,* por la apertura a los sentimientos, por vivir y compartir la vida en términos iguales con la mujer . . . la liberación humana que empezó con el movimiento de la mujer.

—¿No estás contento —preguntó, alisando su cabellera hacia atrás—, de que vivamos en esta época? Ahora —me dijo riendo— comamos. El tambouri se está enfriando.

Cuando terminamos, dijo con autoridad:

—Yo pago la cuenta. Recuerda que yo te invité.

Pero cuando nos levantamos, me miró con una sonrisa coqueta y dijo:

—¿Quisieras ayudarme con el abrigo?

Desde entonces, mi conversación con Suzanne y con otras mujeres me ha confirmado la opinión de que el regreso de los papeles sexuales en los ochenta no será un retorno a estereotipos o sexo esterotipado. Los años sesenta y setenta fueron un periodo de toma de conciencia. Ahora sabemos que las mujeres pueden mostrar fuerza y seguir siendo femeninas, y que los hombres pueden mostrar suavidad y seguir siendo masculinos. Sabemos que las mujeres siempre han disfrutado al desempeñar el papel activo en la cama de vez en cuando. También sabemos que los hombres disfrutan el ceder la iniciativa de vez en cuando. Hacer el amor es una responsabilidad *compartida.*

La popularidad de *Cómo hacerle el amor a un hombre* enfatizó esto, al igual que la encuesta de *Redbook* de 1975, el estudio más amplio que se haya realizado sobre la sexualidad de la mujer. Se publicó un cuestionario que consistió en sesenta preguntas y casi se recibieron 100 000 respuestas (El famoso estudio Kinsey de 1953, el *Comportamiento sexual de la mujer,* se basó en poco menos de 8 000 respuestas).

La encuesta de *Redbook* reveló que seis de cada diez esposas dicen tomar la iniciativa sexual por lo menos la mitad de las veces; nueve de cada diez afirman tomar una parte activa al hacer el amor por lo menos la mitad de las veces (y cuatro de estas nueve aseguran que siempre son activas). Una revelación aún más sorprendente: menos del uno por ciento de las mujeres son por completo pasivas sexualmente. Ellas quieren compartir la responsabilidad de hacer el amor.

Desafortunadamente, a pesar de todas las encuestas y de todos los estudios, los dos estereotipos sexuales que a las mujeres les daría más gusto ver desaparecer, todavía son sostenidos por algunos hombres, aun cuando la mayoría tiene miedo de admitirlo. El primero, es que la mujer desea que el hombre la ponga en un pedestal (el "Síndrome del pedestal"). El segundo, es que la mujer quiere ser tomada o poseída a la fuerza (el "Síndrome de posesión").

Muchos hombres piensan que estos dos estereotipos son producto de la fantasía de la mujer. Esta idea es una fantasía del hombre. Pero aun si esto fuera lo que quieren las mujeres, de todas maneras no tendría nada que ver con hacerle el amor a una mujer. La mujer no es un objeto que debe ser venerado, ni tampoco una posesión a ser tomada por la fuerza bruta. Es un ser humano, tiene sensibilidades humanas, incluyendo el sentido de privacía que es violado por cualquier intrusión no solicitada; así como instintos o pulsiones huma-

nas, incluyendo un apetito sexual normal que necesita
satisfacer.

El síndrome del pedestal

El síndrome del pedestal seguramente se originó en
los romances caballerescos de la Edad Media. Las mujeres permanecían encerradas en altas fortalezas, la mayor parte del tiempo hilando, mientras sus caballeros,
literalmente con una brillante armadura, competían por
sus favores. Se suponía que las Guineveres del mundo no
debían ser tocadas sino hasta el momento adecuado. Al
primer indicio de que su pureza había quedado com-
prometida por un Lancelot errante, los Arturos de la
época entraban en ataques de pánico y furia.

Lo sorprendente no es que el síndrome del pedestal
se haya desarrollado en una época de papeles sexuales
distintos, sino que haya sobrevivido a la desaparición
de los mismos.

Un jugador profesional de futbol de Dallas comenta:
"Siempre me he preguntado si las mujeres realmente
están interesadas en el sexo. Mi primera esposa era la
mujer más dulce y más femenina que he conocido. Siempre pensé que sólo se sometía al sexo, hasta que por
casualidad la oí hablar con sus antiguas compañeras
de la universidad. Deberían haberlas oído. Quiero decir,
una de ellas decía, 'realmente necesito que el hombre
entre a mi boca'. Las otras decían 'oh, ¡yo *detesto* esto!'
plática sexual, ilustraciones gráficas, peor de lo que he
visto en cualquier vestidor de señoras".

Otra mujer me contó sobre una amiga suya que
realizó sexo oral con el marido por primera vez unas
cuantas semanas después de que se casaron. Él se retiró,
irritado, diciendo: "¿dónde aprendiste eso?".

En una encuesta reciente a alumnos de preparato-
ria en los Estados Unidos, entre el 60 y 70 por ciento de

los estudiantes dijeron que preferían casarse con una
virgen. Esto debe indicar algo. La mayoría de los hombres desea a alguien sin o con poca experiencia sexual.
Alguien que les permita a *ellos* ser maestros. ¿Por qué
quieren ser maestros? Por que éstos establecen las reglas
y determinan los límites.

Finalmente se ha revelado el secreto: las mujeres *sí*
quieren sexo. No únicamente saben del mismo, sino
que también lo disfrutan. No es algo que esté por debajo
de ellas, no las "ensucia", ni las mancha, ni las per-
judica. Las mujeres no son criaturas delicadas que re-
quieran de atención y manejo especial como si fueran
exóticas flores tropicales; e igualmente importante, no
necesitan un maestro que les enseñe los pasos o establezca
las reglas.

El problema con poner a la mujer en un pedestal
es que el pedestal se tambalea cuando ella finalmente
decide relajarse y hacer el amor. Yo conocí a un indivi-
duo llamado Jorge, quien se enamoraba frecuentemente
y perseguía a las mujeres como si ésta fuera una profesión. Jorge las trataba como si fueran diosas. Venía a
mi departamento y pasaba horas contándome sobre la
perfección de su última afrodita. Le mandaba flores
casi todos los días (Jorge era rico), la llevaba a restaurantes, al teatro, discotecas, centros nocturnos. En dos
semanas, por lo general ya estaba hablando de matrimonio.

Sin embargo, en tres o cuatro semanas, el romance
siempre terminaba. ¿Por qué? Porque para la tercera
o cuarta semana, por lo general Jorge había podido
convencer a su diosa de ir a la cama. Y una vez que se
acostaba con una mujer, perdía todo interés en ella. Lo
que le interesaba era conquistar a la mujer, no la mujer
en sí, y el conquistarla hacía que terminara ese interés.
Para el siguiente día, empezaba a preguntarse por qué
la habría encontrado atractiva. Y, aun antes de haber

terminado con el antiguo romance, empezaba la búsqueda de una nueva Afrodita.

Las mujeres no son las únicas víctimas del síndrome del pedestal. El acto de amor en sí es abaratado por el hombre debido a la idea de que las mujeres son puras y el sexo de alguna manera las va a "corromper". Cuando el hombre pierde respeto por la mujer con la que se acuesta, difícilmente el sexo será una experiencia íntima y positiva para él o para ella.

Existe una época en la vida de toda mujer, en la que verdaderamente desea ser cortejada, colocada en un pedestal, podríamos decir. Pero lo mismo puede decirse en el caso de la mayoría de los hombres. "Quién no quiere a alguien, en algún momento, en algún lugar, que piense que una es lo mejor que pudo haberle sucedido al mundo" —dice una muje— "no me importa que el hombre me ponga en un pedestal, siempre y cuando no me deje ahí".

El síndrome de posesión

Al igual que el síndrome del pedestal, el síndrome de posesión seguramente se inició durante la Edad Media. En aquella época, el motivo de la violación no era la lujuria sino la ambición. Un hombre violaba a la mujer de otro por la misma razón que le robaba el dinero: para establecer propiedad. La violación era el robo de la propiedad de otro hombre.

Esta propiedad sigue afectando a las mujeres. Una profesora de historia en un pequeño colegio de artes liberales en el Este, dice: "Cuando una desea permanecer virgen, está aceptando tanto la idea religiosa de que el sexo antes del matrimonio es inmoral, como la idea cultural de que ella es propiedad de su futuro esposo. En cierta forma, el ser poseída un poco en contra de su voluntad es una salida fácil de este dilema. Entonces obtiene el sexo sin que ella haga nada para que suceda. Así evita los tabúes".

Otra doctora de Boston opina: "Muchas mujeres admitirán con renuencia que el síndrome de posesión tiene cierta base en las fantasías femeninas. Sin embargo los hombres han perdido su proporción. Han hecho de esto un cumplimiento de sus propias fantasías de violencia y dominio".

Para la mayoría de las mujeres, el llamado deseo de ser violada toma dos formas, ninguna de las cuales tiene nada que ver con el delito al que se llama violación. Para algunas, es el pretexto para ser pasivas, una expresión del deseo ocasional de ser dominadas, manipuladas y controladas.

Para ciertas otras, las fantasías de posesión son únicamente como actuar. "Algunas veces mi esposo y yo decidimos que él va a 'forzarme'. Me avienta sobre la cama, me quita la ropa, tú sabes, me fuerza a hacer cosas. En otras ocasiones hasta finjo alterarme, peleo, le muestro resistencia, ese tipo de cosas. ¡Pero por Dios! por supuesto no quiere decir que quiera ser violada. Dios me libre de serlo alguna vez. No hay nada freudiano en ello. No hay nada neurótico al respecto. Es únicamente una fantasía abierta y una actuación. El actuar es únicamente otra de nuestras formas de disfrutar el sexo. Si una mujer con la que está le sugiere actuar una fantasía de violación, sólo recuerde que existe una línea importante entre la fantasía y la realidad".

Naturalmente, los hombres en ocasiones también sienten ese deseo, el de ser poseídos en una forma típicamente agresiva.

Un amigo mío afirma: "Parece tonto llamarlo violación, pero algunas veces me gusta ser 'manipulado' por una mujer. La mejor forma de hacerlo es fingir que estás realmente cansado, demasiado cansado para moverte. Ambos saben que es una broma, pero esto me brinda la oportunidad de ser completamente sumiso".

Una joven comenta: "En la mayoría de las relaciones, en la actualidad, el que toma la iniciativa es el que tiene más libido. Yo conozco mujeres con tremendos impulsos sexuales que temen tomar la iniciativa porque temen que el hombre se ofenda. Entiendo esto. Muchos hombres se enfrían cuando una está en el estado de ánimo y ellos no. Los asusta. Pero una vez que se está *en* la cama, y ambos están en el estado de ánimo adecuado, creo que a los hombres les excita el que haya un poco de agresividad".

Una mujer de Los Ángeles concluye: "No hay respuestas de patente. Algunas mujeres quieren colgarse de la lámpara, otras tenderse como maneguíes, yo quiero ambas cosas, una en una noche, la otra la noche siguiente. Todo depende de la mujer, del hombre, del estado de ánimo".

Únicamente una cosa no depende de nada. Nada constituye mayor obstáculo para hacer bien el amor que los estereotipos. Cuando un hombre hace el amor de acuerdo con estereotipos, está negando que la mujer tenga necesidades propias. Le está diciendo: "No eres una persona, eres un género, un tipo. Me importa más tener sexo con una mujer que hacerte el amor a ti". En los ochenta, hacer el amor de acuerdo con estereotipos, es no hacer el amor en lo absoluto.

Una mujer lo dijo todo en una lúcida observación. "Creo que el título está equivocado" me dijo cuando le hablé sobre el libro. Debería ser 'Cómo hacer el amor *con* una mujer' ".

3

LO QUE LAS MUJERES ENCUENTRAN "SEXY" EN UN HOMBRE

Si al azar se les preguntara a varios hombres qué es lo que las mujeres encuentran "sexy" en ellos, se obtendrían respuestas como: "todas quieren un Paul Newman", o "una constitución fuerte", o "un equipo impresionante, un hombre que tiene mucho y sabe cómo utilizarlo todo". Lo sé porque pregunté y estas son algunas de las respuestas que obtuve. Son respuestas *típicas*.

Otro mito masculino muy difundido, es que el hombre que tiene un "desempeño" como el de un "caballo semental" excita mucho a las mujeres. Al igual que la mayoría de los mitos, éste pasa por alto algo importante. La mayoría de las mujeres no encuentra atractiva la habilidad de desempeño como "semental". El desempeño ni siquiera se encuentra en la lista.

Lo que las mujeres *realmente* encuentran "sexy" en un hombre es, por supuesto, algo totalmente distinto. Cuando al azar les hice a muchas mujeres la misma pregunta, la respuesta fue casi siempre la misma. El factor más atractivo en un hombre es la seguridad en sí mismo. De hecho, esta no debería ser una completa sorpresa. En su libro Alexandra Penney dice que los hombres sitúan hasta arriba de su lista de atributos deseables en la mujer, la confianza en sí misma.

Aunque algunas mujeres opinan que el atractivo físico las excita, éstas constituyen decididamente una minoría. Una respuesta más típica fue: "Realmente no me gustan los hombres guapos. Están tan metidos en sí mismos, que no les queda mucho qué brindarle a alguien más".

Otra mujer me comentó: "No se necesita un Robert Redford. Una necesita a alguien que tenga una calidad de 'gestalt' ". Y otra más: "Me importa un comino el aspecto físico. Me importa la energía. Alguien sin energía me desilusiona".

Una mujer de negocios de edad madura comenta: "Un ego saludable es el factor más importante. Naturalmente, cualquiera se siente atraída hacia un hombre guapo. Pero todas sabemos que no existe relación entre el aspecto físico del hombre y cómo ama. En algún momento, a todas nos ha sucedido que enloquecemos por un tipo muy atractivo para averiguar después que es homosexual, o hemos ido a casa con alguien que apenas mide metro y medio y parece que ha pasado la vida únicamente en una biblioteca pública para descubrir que es un torbellino en la cama".

¿Por qué las mujeres quieren una cosa y los hombres piensan que ellas quieren algo diferente? ¿Por qué no existe comunicación? Los expertos que estudian la comunicación entre los hombres y las mujeres (o la falta de comunicación) piensan que es algo que funciona como una profecía que se vuelve realidad.

Los hombres que *piensan* que las mujeres buscan rasgos atractivos: un físico agradable, un pene de gran tamaño; pero no los tienen, tendrán una baja autoestima. Las mujeres quedan impávidas, no debido a los atributos físicos (o falta de los mismos), sino por la falta de confianza en sí mismos. Los hombres, naturalmente, detectan el enfriamiento y piensan que se debe a que no cuentan con los atributos físicos necesarios. "Es como un verdadero círculo y nadie sale ganando", dice un terapeuta de Los Ángeles.

La parte más importante de la habilidad del hombre para hacer el amor, es la actitud que tenga hacia sí mismo. Si un hombre básicamente se gusta a sí mismo, si se siente cómodo con su cuerpo, cómodo con otra gente, y relajado al estar con mujeres, será "sexy" a los ojos de noventa y nueve de cada cien de ellas. Y será así independientemente de sus rasgos, músculos pectorales o pene.

Una mujer afirmó categóricamente: "¿Qué es 'sexy'? la respuesta es sencilla. Si un hombre piensa que es 'sexy' es 'sexy' ".

Qué hombre no ha oído el viejo dicho que asegura que el máximo afrodisiaco para una mujer es el poder. ¿Acaso no todos tenemos fantasías de ser ricos y poderosos, o ricos y famosos, y de obtener todo lo que queramos de cualquier mujer que deseemos? Las columnas de chismes en los periódicos de Washington están llenas de historias alarmistas en las que los senadores y congresistas pasan de uno a otro romance extramarital con mujeres que tienen la mitad de su edad y el doble de su cociente intelectual.

La atractiva asistente de un congresista del Medio Oeste me habló sobre los acontecimientos sexuales de Capitol Hill y admitió confidencialmente que ella, al igual que muchas mujeres en su posición, conocía a su jefe "íntimamente".

—¿Y qué es lo que te excita de él? —le pregunté— Realmente no parece un ídolo cinematográfico.

Ella reflexionó durante un momento, finalmente dijo: "Es tan seguro de sí mismo. Los hombres con los que solía salir siempre estaban preocupados por su imagen. Pasaba todo el día, y toda la noche, alimentando su ego. El sexo era como una terapia. *Estos* hombres son diferentes. Su ego está muy bien. No se preocupan tanto de sí mismos. Se preocupan de mí y de mi ego. Eso es muy agradable".

Una mujer de edad madura que vive en Dallas, afirmó que estaba harta de los hombres inseguros: "Siento como si constantemente estuviera corriendo con una canasta tratando de atrapar las bolas que lanzan al aire. Una tiene que proteger constantemente su masculinidad. Hay que hacerlos sentirse más fuertes, más grandes y más listos de lo que una es. Dediqué todo mi tiempo a ser menos de lo que eran los hombres con los que me involucraba. Esta es la razón por lo cual me gusta el hombre fuera de lo común, que está seguro de su linidad. Y esto *no* significa machos. Los machos, los hombres que fanfarronean y *dicen* lo masculinos que son, no están seguros de su masculinidad en absoluto".

Un aspecto en el cual las mujeres presentan una respuesta unánime, es en cuanto al desagrado que les provoca la *sobre*confianza. "El Culto al Matador de Mujeres" como lo llama una dama, es quizás el mito masculino más distorsionado de todos. Es el producto de un rompimiento completo de la comunicación entre hombres y mujeres. Es un filtrado de todo lo que los hombres *piensan* que las mujeres quieren; pero que de hecho, la mayoría detesta.

Una mujer que trabaja en Tiffany, en Nueva York, opina: "No existe nada más odioso que el llamado Don Juan. Si él actúa como seductor, una termina preguntándose a sí misma ¿a qué tantas otras les habrá repetido las mismas palabras?' A mí no me interesa convertirme en el último eslabón de una larga cadena. Yo no quiero a alguien que desee hacer el amor por el hecho de hacerlo, para demostrar lo maravilloso que es como amante. Quiero a alguien que desee hacerme el amor a *mí*".

¿Qué es lo que excita? Algunos factores son características físicas; algunos son psicológicos. En cualquiera de los dos casos, se encuentra al alcance de la mayoría de los hombres. En otras palabras, son cosas sobre las que usted puede hacer algo.

UN CUERPO "SEXY"

Ojos

Si se le preguntara a un grupo de hombres qué parte del cuerpo de una mujer los excita más, se podrían obtener cien respuestas distintas, pero los dos grandes ganadores serían el busto y las piernas. Las mujeres también parecen dividirse en dos grupos: las que se fijan en los ojos y las que se fijan en el trasero. En una reciente encuesta de *Esquire,* los ojos fueron clasificados como la parte más "sexy" del cuerpo del hombre; el trasero obtuvo el segundo lugar (En la mayoría de las encuestas, las manos obtienen el tercer lugar).

Una morena alta, sin pestañear cuando le formulé la misma pregunta contestó: "Ah, es sencillo, la primera cosa en la que me fijo es en los ojos. Con sólo ver los ojos del hombre, sé de inmediato si estoy interesada".

Le pregunté qué era exactamente lo que la excitaba con respecto a los ojos ¿qué tipos de ojos te gustan?

"Bueno, cafés, creo, o azules. Lo que es realmente importante es lo que me *dicen*".

Las mujeres que se fijan en los ojos, invariablemente creen que éstos tienen un lenguaje propio. Piensan que pueden leer el carácter del hombre en los ojos. Pueden saber si es tierno o fuerte, lujurioso o cariñoso, superficial o profundo.

Una doctora de Pittsburgh explica: "Todo está en el contacto visual, si la mirada se desvía y te evita nerviosamente, esta es una señal segura de que no tiene confianza en sí mismo. El hombre que no puede sostener el contacto visual con una mujer es una decepción, por lo menos para mí".

Un actor y escritor que conozco en Nueva York tiene una forma de enfocar a la mujer con la que está, aun si se encuentra en un salón lleno de gente. Durante la conversación, coloca el codo sobre la mesa y pone la mano sobre la ceja como si estuviera protegiendo los ojos del sol. Lo que hace en realidad es enfocar su atención en ella, eliminando cualquier distracción. Crea así un círculo de exclusividad. Le está diciendo a la mujer: "En este salón, en este momento, eres lo único que me importa".

Recuerde que los ojos son la parte del cuerpo que puede transmitir el mensaje de una manera más convincente, ya sea que se encuentre usted entre una multitud o solo en la cama.

Físico

El *Village Voice* de Nueva York, recientemente realizó una encuesta de una amplia gama de mujeres, formulándoles la misma pregunta: ¿Que parte del cuerpo del hombre excita a las mujeres? En contraste con la encuesta del *Esquire,* el ganador arrollador fue el trasero. En segundo lugar bastante más abajo se eoncntró un "estómago plano". Si el lector se pone a recapacitar, se dará cuenta de la buena noticia que esto constituye. El trasero y el estómago, a diferencia de la estructura ósea y del pene, son cosas con respecto a las cuales se puede hacer algo. El trasero se puede volver más firme y el estómago plano con ejercicio regular y, si realmente se toma esto en serio, con una rutina en un gimnasio local.

No me mal interprete. Si el problema es su vida sexual, el obtener una musculatura no es la respuesta. Muchas mujeres se vuelven indiferentes con demasiado músculo.

Sin embargo, si está inseguro sobre su apariencia física, las dos visitas semanales al gimnasio aumentarán la confianza en sí mismo. De hecho, harán más por usted que darle la seguridad de una mujer en cuanto que a ella le gusta cómo se ve. "Las visitas al gimnasio", dice una abogada de edad madura de Chicago que es una atleta 'vuelta a nacer', "hacen más por mí que una visita semanal al psiquiatra, y son más baratas".

La confianza proviene de volverse a poner en contacto con su cuerpo.

El mismo hombre comentó, mostrándome un estómago que parecía tabla. "Realmente nunca me gustaron los deportes. Yo era como un extraño en mi propio cuerpo, pero no me importaba. Sin embargo, qué diferente se vuelve el sexo. Antes de empezar a ejercitarme, yo hacía el amor con el pene. Era como si el pene fuera la única parte que se encontraba en la cama. Ahora estoy nuevamente en contacto con mi cuerpo y cuando tengo un orgasmo, todo mi cuerpo, cada parte de mí, lo siente".

Arreglo personal

No estoy seguro si a las mujeres les *excita* un hombre bien vestido, o *las enfría* un hombre mal arreglado. De cualquier forma, el resultado es el mismo. Esto no significa que usted deba aparecer impecable. A muchas, muchas mujeres, les enfrían los hombres que se preocupan sobre su aspecto, que se acicalan constantemente, y que no pueden pasar por un espejo sin darse un vistazo de reojo. Definitivamente es posible estar *demasiado* bien arreglado. Las mujeres consideran este tipo de preocupación con respecto a la presentación personal exagerada, quizás hasta poco masculina.

En consecuencia tómese su tiempo enfrente del espejo, pero no demasiado. Una secretaria de Seattle comenta. "Por supuesto que no quiero un desaliñado, pero cuando un hombre está realmente consciente de su apariencia, no puedo evitar pensar que también está demasiado consciente de *mi* apariencia. Ya sabes, que analiza todos los detalles para ver si soy suficiente para él. Me pone nerviosa".

Algunos olores son placenteros para algunas mujeres, pero ofensivos para otras. Por ejemplo, el tabaco y el alcohol. Depende de usted determinar cómo reacciona ella y manejar la situación de acuerdo con esto. Si es usted un fumador empedernido, quizás tenga que elegir entre el cigarro y ella. Casi es imposible disfrazar el olor del cigarrillo en el aliento de un fumador habitual.

El agua de colonia se encuentra en la categoría de los olores que les gustan a algunas mujeres y a otras no. Sin embargo, la mayoría tiende a pensar que un aroma ligeramente masculino y natural es más "sexy". Una mujer reveló: "Me da un poco de vergüenza decirlo, pero un ligero olor a cuerpo, de hecho me excita. Defitivamente es un afrodisiaco. Por supuesto, en exceso es desagradable".

Otra mujer, una actriz de televisión que trabaja en Nueva York, me dijo que una vez ella se enamoró de un hombre debido a su olor. "Constantemente me recargaba en su hombro y trataba de olerlo. Solíamos pelearnos como locos, pero cuando se me acercaba, yo desfallecía. Hay gente que sencillamente tiene un olor 'sexy' ".

Tono de voz

Las mujeres son mucho más sexualmente sensibles a la voz del hombre que los hombres a la voz de la mujer. Muchas mujeres encuentran que una voz "sexy" es uno de los factores que más las excita del hombre. Una mujer atractiva que yo conozco, adjudica más importancia a la voz del hombre que a cualquier otra cosa. Le es indiferente que es guapo, los músculos, el poder, el dinero, y todos los afrodisiacos más tradicionales. "Sin embargo", como ella dice, "ponme en los brazos de un hombre con una voz de barítono, ronca y profunda, en un cuarto oscuro y en seguida me excito".

UNA MENTE SEXY

La verdadera confianza en sí mismo empieza en su mente y es irradiada a su cuerpo. Al reflexionar cuidadosamente, la gran mayoría de las mujeres con las que hablé opinó que el hombre más "sexy" es aquel que tiene "una mente sexy". Cuando les pregunté qué significaba eso, varias frases surgieron constantemente: intereses amplios, intelecto de amplio alcance, buen sentido del humor, tener encanto al conversar, y la habilidad de hacer que una mujer sienta que ella es lo único que importa.

Inteligencia y encanto

Una de las revistas femeninas más importantes, recientemente publicó un artículo sobre los hombres con los que las mujeres "sueñan", los hombres que encuentran "sexy". Algunos de los afortunados elegidos eran previsibles: "hombres astutos" como Bruce Jenner y Joe Namath, "hombres rudos" como Charles Bronson y Larry Hagman, "rompe corazones" como Richard Gere y Marcelo Mastroianni.

Sin embargo, los hombres con atributos físicos no predominaron en la lista, la cual también incluyó a "miembros de prestigiadas universidades del este de los Estados Unidos" como el actor Michael Moriarty y el caricaturista Gary Trudeau, "intelectuales" como el columnista William Buckley y el novelista John Updike, y hasta "lunáticos irresistibles" como Woody Allen. Obviamente, si Woody Allen es enumerado como uno de los hombres más "sexys" en los Estados Unidos las mujeres norteamericanas no se sienten atraídas únicamente por la apariencia física.

Woody Allen tiene otra característica que las mujeres encuentran "sexy": sentido del humor. Una estudiante de una de las grandes universidades estatales del Medio Oeste comenta: "Yo únicamente quiero pasar mucho tiempo con un hombre que me pueda hacer reír".

Otra estudiante agrega: "Los artistas son 'sexy'. No tienen inhibiciones y les gusta experimentar. Llevan su creatividad al sexo. Nunca se sabe lo que van a hacer después. Yo he tenido muchas relaciones sexuales en mi vida; sin embargo, tuve una educación religiosa estricta y nunca se pierde ese sentido de recato. Yo necesito de un hombre sin inhibiciones para romper las mías.

El prestar atención

Una rubia impactante, agente de bienes raíces en San Francisco puntualizó: "Los que más me gustan son los hombres italianos, una vez que salen de la oficina, dejan de pensar en su trabajo. Cuando se hace el amor con ciertos hombres, se sabe que está haciendo el amor a alguien que quiere hacer un trato de negocios la mañana siguiente. Sólo se está con la mitad de ellos. La otra mitad ya está pensando en el trato de negocios.

"Toda la atención de los italianos se enfoca a la mujer. Quizás no te hable al día siguiente, pero mientras se hace el amor, tú eres lo único presente en sus mentes. Tocan mucho, los italianos parecen estar consumidos por el cuerpo de la mujer. Se toman su tiempo con ella, pasan horas acariciándola. El lapso de tiempo antes del sexo es un acontecimiento especial, casi espiritual para ellos. Están sintonizados con su naturaleza animal, pero no son bruscos. De hecho, los italianos son excepcionalmente tiernos".

¿Qué puede hacer para liberar su mente de todas las distracciones, para concentrar su atención en la mujer con la que está?, ¿cómo puede despejar su mente y olvidar los problemas del día para poder vivir los placeres del momento?

Un actor de treinta y cinco años que a menudo aparece en los espectáculos de Broadway, una vez me contó sobre un método notable que tiene por objeto prepararse para una noche de amor. Dijo: "Más o menos una hora antes de salir con una mujer me siento en calma durante unos minutos y corro la velada por la pantalla de mi imaginación. Es una especie de recapitulación previa de lo que está por venir".

La ventaja de ponerse a pensar sobre lo que ocurre en la mente de ella, es que le ayudará a usted a concentrar toda su atención en ella cuando la vea, no solamente en su cuerpo, sino en *ella,* en su vida, en sus deseos, en sus emociones, en sus necesidades. Como lo planteó una mujer: "El hombre que me excita es aquel que está interesado en mí". Esta atención *concentrada* es una de las cosas que las mujeres encuentran más "sexy" en un hombre.

Un hombre a quien le simpaticen las mujeres

Si hubo algo que me dejó perplejo en mis conversaciones con las mujeres que entrevisté, fue el comentario frecuente de que a la mayoría de los hombres básicamente, aunque sea de manera subconsciente, no les simpatizan las mujeres. Quizás deseen a las mujeres para el sexo, pero no como amigas. Y aun si ellos no están conscientes de esto, las mujeres por lo general sí lo están.

Una joven escritora de Boston, me comentó: "Creo que a muchos hombres americanos no les simpatizan las mujeres".

Bueno, no creo que quieran olvidarse de ellas ni nada por el estilo, sólo pienso que los hombres americanos se sienten incómodos con la intimidad. Cuando se encuentran con sus amigos cercanos, se concentran en actividades conjuntas. Salen y juegan pelota, van de pesca, van a tomar una cerveza, se ponen a ver el juego de beisbol, o lo que sea. *No* hablan sobre sus problemas, en especial de los emocionales y sexuales. Las mujeres hablan todo el tiempo sobre estos aspectos y esperan el mismo tipo de intimidad de los hombres en sus vidas. Como las mujeres están exigiendo niveles de calidez e intimidad que los hombres en sus vidas sencillamente son incapaces de producir, los hombres empiezan a resentirlas, por inconscientemente que esto sea.

Otra mujer afirmó: "Piensan que no merecemos confianza. Que nosotras estamos tratando de sacarles algo. Creo que a muchos de ellos no les simpatizaba su madre y proyectan esta antipatía en las mujeres que conocen. Los hombres a los que realmente les simpatizan las mujeres son objeto de bromas. Me gustan los hombres que pueden bromear en la misma forma en la que lo hacen las mujeres. Y esto no quiere decir que por eso sean afeminados.

"El problema estriba únicamente en que la mayoría de los hombres no aprendió el vocabulario para la intimidad, ni para las cosas personales. Cuando hablan con sus amigos cercanos, hablan sobre deportes y cosas diversas. Las mujeres sí aprenden ese vocabulario. Los hombres están frustrados por la falta de vocablos adecuados. Esta es la razón por la que me sorprendo y me fascino tanto, cuando de hecho me encuentro a un hombre que evidentemente disfruta estar con mujeres y hablar sobre el tipo de cosas sobre las que hablan ellas".

Quizás planteó mejor esto la mujer que me dijo: "Un hombre 'sexy' es aquel al que evidentemente le *simpatizan* las mujeres. Alguien que disfruta de su compañía. Esto no le sucede a todos los hombres, tú lo sabes, y esto se nota de inmediato".

Otra mujer se refería a lo mismo cuando señaló: "Los hombres deberían aprender a ser amigos de la mujer. Podrían ser tan *buenos* amigos. El mejor sexo es el sexo entre dos amigos".

Pasión

Otra cualidad que las mujeres buscan en los hombres es la pasión, la pasión por la vida, naturalmente, y por el amor.

Una profesora universitaria en Maryland me dijo que ella siempre buscaba a un hombre que tuviera "gusto por la vida".

Agregó: "Si un hombre tiene muchos intereses y cosas que le entusiasmen, va a ser entusiasta en su relación conmigo. ¿Por qué es tan importante el gusto por la vida? Creo que porque el hombre que tiene entusiasmo por la vida, por lo general está seguro de sí mismo. Tiene un ego saludable y eso siempre es bueno también para mí.

Agregó: "Si un hombre tiene muchos intereses y cosas que le entusiasmen", va a ser entusiasta en su relación conmigo. ¿Por qué es tan importante el gusto por la vida? creo que porque el hombre que tiene entusiasmo por la vida, por lo general está seguro de sí mismo. Tiene un ego saludable y eso siempre es bueno también para mí.

Y otra mujer agregó: "Los hombres 'sexys' son hombres que sienten pasión por lo que hacen. Son capaces de extremos en los sentimientos. Su sentir hacia la vida es transmitido al sexo. Si un hombre está aburrido con su carrera, no podrá integrar la pasión necesaria para ser un gran amante. Lo que más me excita es la pasión del hombre. Ninguna mujer queda inmune a ésta".

4

EL TEMOR A VOLAR

A la mayoría de los hombres les son dolorosamente conocidos los temores sexuales. Nunca he conocido a un hombre que jamás, en un momento u otro, haya tenido algún problema sexual, real o imaginario, del cuál preocuparse. Las eyaculaciones de un hombre son demasiado rápidas, las erecciones de otro "están ahí en un momento, y desaparecen al siguiente", y también están todos esos hombres que han sido dotados de equipo de tamaño pequeño.

De hecho, la mayoría de los hombres están tan ocupados, preocupándose de sus propios temores, que a menudo no se molestan en hacer una pausa y darse cuenta de que las mujeres también tienen temores sexuales. El resultado de esto son los malos entendidos y el resentimiento.

Una mujer afirmó: "Estoy cansada de ser la enfermera sexual de los hombres, parece que paso toda la noche diciendo 'no, no, está bien. No, estuvo bien. No, el tamaño no importa'. Ya sabes, todas esas tonterías. Y en esto no estoy sola. Conozco a muchas otras mujeres a las cuales no les gusta ser Florence Nightingale en la habitación".

Si ninguno de los dos en la pareja está dispuesto a jugar el papel de enfermero o enfermera y ayudar al otro a manejar sus temores sexuales, entonces.lo que realmente sucede es que hay dos barcos que se cruzan en una neblina. La neblina de los malos entendidos y de la ignorancia. La única salida de esa neblina es tratar de ver el sexo y el amor desde la perspectiva del otro. Muchos hombres nunca se han preguntado a sí mismos qué es lo que una mujer disfruta más, o teme más, en el sexo. Sin embargo, no se puede empezar a hacer verdaderamente el amor a una mujer sin saber lo que la hace feliz, y qué es lo que ella teme.

Por lo menos en una forma, las angustias sexuales de la mujer son similares a las del hombre. Se basan en el temor al rechazo. Casi todos los hombres que conozco se han sentido rechazados por alguna mujer. Algunas veces este rechazo es real, pero con más frecuencia es únicamente el resultado de la ignorancia. Si una mujer no está consciente de los temores sexuales del hombre, puede transmitirle un mensaje de rechazo sin darse cuenta.

Los hombres hacen lo mismo a las mujeres. Quizás aún con más frecuencia porque no están acostumbrados a la idea de que las mujeres *tienen* temores sexuales, y nuevamente, este mensaje a menudo se transmite sin esa intención. Al aprender más sobre los temores sexuales de la mujer, el hombre puede saber cuándo tomarse un momento para reasegurarla y para hacer desaparecer su temor al rechazo.

No soy lo suficientemente atractiva

Un compañero de la facultad de leyes, constantemente hablaba sobre el aspecto físico de la mujer. Pasó todo el primer año calificando a las chicas del uno al diez. Cuando íbamos por el corredor, recitaba un flujo constante de números: "Ocho. Seis. Cuatro, esta es un fracaso".

¡Cielos! definitivamente nueve y medio.

No es sorprendente que tantas mujeres dediquen tanto tiempo a preocuparse de qué tan atractivas son.

¿Soy lo suficientemente bonita? ¿necesito perder unos cuantos kilos? ¿se dará cuenta él de las arrugas que tengo? ¿no es horrible mi celulitis? ¿soy demasiado vieja? ¿me deberé operar la nariz? ¡no me parezco nada a las chicas que salen en *Playboy!*

Hasta las mujeres más bonitas tienden a quedar ciegas a su propia belleza debido a la preocupación por la falla inevitable. El temor femenino número uno, especialmente entre las mujeres más jóvenes, es "no soy lo suficientemente atractiva".

Lo que no entienden es que gran parte de lo que se dice sobre el aspecto físico de la mujer es únicamente palabras. Cuando se trata del amor, la mayoría de los hombres que conozco realmente no se preocupa tanto como dice de la apariencia física. Si bien los hombres jóvenes, especialmente cuando todavía están en la escuela y sujetos a la presión de los compañeros, pueden parecer preocupados con la cara o cuerpo de la mujer, esta preocupación se desvanece cuando son más serias las cosas. A medida que maduran, tienden a perder interés en las virtudes de "espejo" y empiezan a buscar otros atributos.

Lo que los hombres maduros realmente encuentran atractivo no son los rasgos perfectos o una cintura de 55 centímetros, sino una mujer que se sienta cómoda consigo misma. De hecho, ocho de cada diez hombres según otra encuesta de *Redbook*, dijeron que los excitaba más "una mujer que me quiera a mí" que los senos grandes o cualquier otro de los factores que excitan a los machos. El problema estriba en que la mayoría de las mujeres no sabe eso. Si los hombres les confesaran este pequeño secreto, muchas de ellas se sentirían más cómodas con el sexo.

Así es que hágale saber que ella le atrae.

Si un hombre hace que una mujer se sienta hermosa o "sexy", dice una mujer que conozco, "es la cosa más sencilla, pero ella se *vuelve* mucho más hermosa. Pierde las inhibiciones y el sexo se vuelve mucho mejor".

Por cierto, recientemente me reuní con un amigo de la facultad de leyes. Se había casado con una de nuestras compañeras de clase, según me anunció felizmente. Me preguntó si me acordaba de ella y le dije que sí. También me acordé de que la había calificado como "definitivamente cinco y medio".

Mis senos son demasiado pequeños (o demasiado grandes)

Una amiga de Boston me comentó: "Las chicas que están en desarrollo no tienen envidia del pene, tienen envidia de los senos. Pasan por lo menos tanto tiempo comparándose en los vestidores como lo hacen los hombres. Para cuando ya están totalmente desarrolladas y empiezan a tener relaciones sexuales, se acercan a cada nueva pareja con la angustia de que no 'tendrán la medida adecuada'."

Si los senos de una mujer son "demasiado" grandes o "demasiado" pequeños, lo cual significa que ella *piensa* que son demasiado grandes o pequeños, tiene que hacerle saber que usted los admira tal y como son.

Si es uno de los muchos hombres que *prefieren* los senos pequeños, hágaselo saber a su pareja; esto la hará sentirse más cómoda. Muchos hombres prefieren a las mujeres que son deportistas activas, y éstas a menudo tienen senos más pequeños.

De hecho, no existe cosa tal como un seno "demasiado" pequeño, olvídese de las visiones hollywoodenses con un busto de ciento cinco centímetros. Los senos grandes son raros, frecuentemente falsos o creados con silicones, incómodos al hacer el amor, y con frecuencia, casi insensibles al tacto. Recuerde, la meta es darle placer a su pareja, no compararla con la chica del mes.

Si usted piensa que una mujer es muy sensible con respecto al tamaño de sus senos, no mencione el tema, ni siquiera para darle seguridad (Si una mujer le dijera a usted "está bien, me gustan los penes pequeños" ¿se sentiría usted mejor?). En lo que respecta a las angustias, las acciones siempre son más elocuentes que las palabras.

El me utiliza

No importa qué tan "liberada" esté una mujer, el temor a ser explotada sigue siendo fuerte. Las mujeres que se han liberado del sentimiento de que los hombres pierden respeto por ella cuando hay sexo, siguen preocupadas porque el acto de hacer el amor pueda ser de alguna manera "trivializado". Como dijo una mujer "aun si únicamente hay sexo una sola noche, debe *importar*".

El temor de que no importe (el sexo, el hacer el amor) seguramente tiene sus raíces en el temor más antiguo de ser tratada como un objeto. Muchas mujeres que no tienen objeción moral a tener relaciones sexuales frecuentes, dicen que de alguna manera se sienten "abaratadas" si hay sexo únicamente por el sexo.

Cuando se trata de sexo, muchas mujeres siguen viviendo en dos mundos. Existe el mundo en el que crecieron y el mundo de la actualidad. El primero antecede a la revolución sexual; el segundo es el producto de ésta. El conflicto entre estos dos mundos, y las increíblemente diferentes actitudes hacia el sexo, produce una de las angustias sexuales más profundas de la mujer.

Una mujer divorciada de cuarenta y cinco años que vive en Tulsa, Oklahoma, dice: "La gente de mi edad creció creyendo que se debía salir con alguien durante cuatro o cinco meses antes de que estuviera bien hacerlo, por supuesto, yo creo en la revolución sexual. Mi mente cree en ella. Mi cuerpo también cree. Mi *corazón* no cree. Sigue renuente. De niña me dijeron que si cedía, él nunca me respetaría. Creo que sigo pensando eso, aún después de todos estos años''.

Desafortunadamente, los hombres no han hecho que la situación sea más sencilla. A pesar de todo lo que se dice de la revolución sexual, muchos de ellos todavía se encuentran en la época prerrevolucionaria cuando se trata de que las *mujeres* tengan relaciones sexuales. Muchos hombres aún *no* respetan a las mujeres que tienen relaciones sexuales fuera del matrimonio, o al menos, fuera de una relación duradera. Esto es fácil de comprobar en el Don Juan que deja de ver a una mujer tan pronto como se la lleva a la cama. Sin embargo, muchos hombres que quizá lo nieguen, ponen un énfasis fuera de lo común en la conquista y hacen que las mujeres, como grupo, sean cautelosas.

Aun cuando algunos hombres expresan reservas similares en cuanto al sexo indiscriminado, esto constituye una angustia mayor para las mujeres. De alguna manera, parece haber más en juego en el caso de ellas, particularmente en relaciones que no son exclusivas. Normalmente, una mujer no espera que el hombre le haga el amor de una manera enloquecedora y apasionada todas las veces. Ella no tiene que ser su obsesión. Pero *sí* desea, *espera,* que él le haga el amor porque él realmente lo desea. Porque a él realmente le *agrade* ella.

Él querrá que haga algo que yo no deseo hacer.

Muchas mujeres, en especial las más inexpertas, ven la cama con gran angustia. Temen que el hombre pueda pedirles que hagan algo que no sepan hacer o que no quieran hacer. Principalmente sexo oral.

Una mujer de Baltimore, me contó: ''Cuando voy a la cama con un hombre durante las primeras veces, estoy angustiada de que él espere que yo haga sexo oral. *Detesto* el sexo oral. *Detesto* que el hombre me lleve la cabeza hacia abajo y quiera que lo haga''.

Otra mujer agregó: "No me gusta mucho el sexo oral. No me molesta chupar, pero no me gusta que nadie se venga adentro de mi boca. Tampoco me gusta el sexo anal. No creo que el cuerpo haya sido hecho para eso, es la razón por la que duele. Creo que es un acto furioso, agresivo. Tiene cierto matiz de violencia".

La combinación de la revolución sexual y de la liberación de la mujer ha abierto nuevas perspectivas de potencial sexual a la mujer, y también nuevas responsabilidades. La igualdad tiene su costo. Y el felatorismo es uno de ellos. Muchas mujeres encuentran esta nueva libertad bastante aterradora. La mejor forma en la que un hombre puede manejar el temor sexual de la mujer es poniéndose en el lugar de ella. Tratando de sentir lo que ella siente, de sentir los temores que ella tiene.

Piénselo en estos términos: al principio, ella puede sentirse tan incómoda con respecto a realizar sexo oral, como usted con respecto a realizar sexo oral con ella. Usted no querría que lo presionaran para realizar el cunilingue, así es que debe tener cuidado de no presionarla para que ella realice felatorismo.

Depende de usted convencerla, a través de acciones, no de palabras, de que hacer el amor no es como pasar un examen. Que ella no va a tener que expresar lo que siente por usted haciendo algo que no quiera hacer. Es probable que, si el entorno es cálido y calmado, si no la presiona, que lo que ella quiera o no quiera hacer pueda *cambiar*. Cuando vea lo que usted disfruta el darle a ella el placer del cunilingue, por ejemplo, a la larga quizás quiera darle a usted el placer recíproco del felatorismo.

Me puedo embarazar

En esta época de educación sexual, de la píldora, y de todo tipo de dispositivos anticonceptivos, es difícil para los hombres creer que las mujeres sigan teniendo miedo de un embarazo no deseado. Evidentemente, esta es otra área en la que ha fallado la comunicación, porque una mujer tras otra mencionó el temor de una concepción accidental.

Algunas hasta expresaron su enojo ante la aparente falta de preocupación que tienen los hombres.

"A la mayoría de los hombres no les preocupa en lo más mínimo el tipo de control natal que yo emplee. Creo que suponen que, si no lo menciono, es que estoy tomando la píldora. Las pocas veces que al respecto, me ha preguntado un hombre me he sentido tan agradecida de que le *importe,* que le importe como persona. Algunas veces, hasta me dicen en un tono acusatorio 'tomas la píldora ¿verdad?' como si yo estuviera tratando de *atraparlos* con un embarazo".

Una mujer con respecto a cuando perdió la virginidad hace veinte años, dijo: "Quisiera que hubiéramos conocido los anticonceptivos cuando yo empecé a tener relaciones sexuales. Pasé los siguientes veintiocho días preocupada. Hace unas cuantas décadas, la mujer pasaba la mayor parte de su vida preocupada".

Sin embargo, la preocupación realmente no ha terminado. Una atractiva morena más o menos de treinta años que está muy involucrada en su carrera bancaria dice: "Me obsesiona independientemente de las precauciones que se tomen, una nunca está totalmente *segura*. Yo dejé de tomar la píldora debido a todos los efectos colaterales y ninguna otra cosa es totalmente confiable. Siempre pienso 'Dios mío, un bebé. ¿Qué haría yo con un bebé?'."

El problema de los anticonceptivos es particularmente grave la primera vez que se hace el amor con una mujer. Quizá no esté seguro de que ella esté tomando la píldora, y de no estarla tomando, si está protegida. En el capítulo 11 se exponen en detalle algunas formas para no dejar el problema de la anticoncepción la primera vez que le haga el amor a una mujer.

No existe una forma ideal de anticonceptivo. La píldora es el método más efectivo pero también el más peligroso y muchas mujeres han dejado de tomarla. Puede provocar quistes, coagulación, y otros problemas médicos serios para la mujer. Si bien ninguna forma anticonceptiva es cien por ciento efectiva (hasta la píldora tiene únicamente un noventa y nueve por ciento de seguridad) algunas son menos efectivas que otras. El dispositivo intrauterino tiene varios problemas. Se conocen casos en los que ha descalificado el cerviz; también puede zafarse. Quizás el mejor anticonceptivo sea el diafragma, el cual siempre debe ser empleado con alguna forma de jalea espermicida e insertarse no más de dos horas antes de la relación sexual. Asimismo, siempre debe dejarse colocado por lo menos seis horas después de la relación sexual.

Si usted tiene una relación duradera, y ella no está tomando la píldora y no ha encontrado algún otro medio anticonceptivo, recomiéndele que obtenga un diafragma, el cual no debe provocar ningún problema médico y debe proporcionar un alto grado de protección contra el embarazo. El temor a un embarazo no deseado es un miedo femenino que se debe resolver desde el momento en que se inicia la relación sexual.

Lo heriré, o yo saldré herida

Nadie, hombre o mujer, quiere involucrarse con alguien que sea emocionalmente frágil. Este tipo de fragilidad es el opuesto de la confianza en sí misma. Sin embargo, independientemente de la confianza que una mujer tenga en sí misma, siempre existe el temor al rechazo.

El otro lado de ser herido es herir. Anteriormente, el hombre tenía el temor sexual de que la mujer con la que tenía relaciones sexuales pensara demasiado en serio, demasiado pronto. Demasiado afecto real durante el sexo hacía que se echara a correr. Sin embargo, la igualdad ha hecho que cambien las cosas, y ahora las mujeres están empezando a compartir ese mismo temor.

Maxine Schnall autora de *Límites: una búsqueda de nuevos valores,* sostiene que uno de los problemas principales desde los setenta es lo que ella denomina "fobia al compromiso". La define como la "incapacidad de formar o sostener una relación exclusiva, permanente con un miembro del sexo opuesto. El fóbico al compromiso está, en esencia, sexualmente disponible a expensas de la accesibilidad emocional, haciendo de la ternura el nuevo tabú".

Si bien el problema se da más comúnmente en el hombre, Schnall ha encontrado que las mujeres también se preocupan cada vez más de los compromisos emocionales a largo plazo. Temerosa de mostrar características "femeninas", de vulnerabilidad, la fóbica al compromiso se siente atraída por hombres inaccesibles, hombres en los que no puede confiar. Al igual que sus contrapartes masculinos, les cuesta trabajo creer que "es posible ser tanto autónomo, como estar profundamente comprometido uno con el otro".

Una editora de una revista, de veintidós años de edad, que vive en Nueva York asegura: "Los hombres están mucho más traumados en cuanto al sexo que nosotras. Si una termina con una relación, tiene miedo de que él se quede traumado de por vida. Así es que una continúa con una relación insatisfactoria cuando realmente no quiere hacerlo; o la otra opción es evitarlos por completo".

La solución parece ser la misma ya sea que el temor de la mujer sea el salir herida o herir. Usted debe tener cuidado al hacer compromisos, o al insinuar una relación a largo plazo. El evitar decir "te quiero" muy al principio de la relación, quizá sea una buena idea debido a dos razones: usted apaciguará sus temores de ser herida y su miedo de herirlo a él.

Una amiga comenta: "La gente siempre expresa muy a la ligera 'te quiero'. Siempre me acuerdo de lo que dijo John Wayne con respecto a usar una pistola: 'no dispares a menos de que pretendas matar'."

Si para usted es necesario frecuentar a más de una mujer a la vez, observe una regla sencilla. Deje que cada una sepa sobre la otra, pero no hable sobre la mujer con la que no está en ese momento. Y recuerde: las mejores relaciones sexuales se tienen cuando el amor está en su mejor momento, y la única forma de verdaderamente amar a una mujer es amándola únicamente a ella.

5

EL CORTEJO Y EL ROMANCE

Antes de los sesenta, las películas americanas estaban llenas de hombres arrebatadores que cortejaban a hermosas mujeres; el romance era el preludio crucial al hacer el amor. Especialmente durante la época más difícil de la Depresión, la pantalla de plata mostraba a los primeros actores de la época llevando a las primeras actrices a cenas de etiqueta en restaurantes elegantes, llenando sus salas de pared a pared con arreglos florales elaborados, y diciendo palabras de amor elocuentes en terrazas de marfil de mansiones fabulosas, siempre bajo un cielo despejado y bajo la luz de una luna llena.

Muy bien, las cosas han cambiado. En una reciente película demoledora, John Travolta ni siquiera se molesta en preguntarle el nombre a la mujer sino hasta *después* de que han tenido relaciones sexuales. No es de sorprender que la mayoría de las mujeres crea que ya es necesario revivir el romance.

Naturalmente, una cosa no ha cambiado: el romance sigue siendo costoso. El llevar a la mujer que usted ama a uno de los restaurantes verdaderamente fabulosos (olvídese del traje de etiqueta) puede costarle el sueldo de una semana. El dinero necesario para llenar su sala de flores podría pagar su propia renta durante uno o dos meses.

Todas las mujeres con las que hablé afirmaron que esperaban que los hombres que las cortejaban las invitaran

a salir: dijeron que esperan que les den un regalo de vez
en cuando: añoran estas señales de interés y afecto. Sin
embargo, la mayoría de estas señales son muy costosas.
La pregunta práctica de la mayoría de los hombres es
¿cómo se puede ser romántico si no se es rico?

Con o sin liberación femenina, la mayoría de las
mujeres espera ser cortejada. Como lo planteó una mujer de Nueva York: "Abajo de todos esos trajes de 'ves-
tirse para el éxito' seguramente encontrarás ropa interior
de encaje. Que no te confunda el exterior de aspecto
duro. A mí me siguen gustando las rosas y las tarjetas de
San Valentín".

Sin embargo, lo que las mujeres esperan del cortejo
varía de una región del país a otra y de una edad a otra.
Algunas mujeres esperan compartir más los gastos de
romance que otras. A riesgo de generalizar, las mujeres
en los estados del Sur y del Suroeste esperan más de sus
novios y amantes que las mujeres en otras partes. En
otros estados, la edad es el factor primordial. Una mujer
de negocios, de veintinueve años, que vive en Chicago,
dice: "Si un hombre tiene más de cuarenta años, por lo
general espera pagar cuando uno sale con él, si tiene menos de treinta años, por lo general espera que una comparta el gasto; si tiene entre treinta y cuarenta años, la
situación es más flexible".

Para saber cómo manejar estas "situaciones flexibles" potencialmente incómodas, le pregunté a la psi-
cóloga, la doctora Marilyn Machlowitz, qué hacer. "En
la actualidad una mujer, puede ganar casi tanto como
tú, o, aunque no nos guste reconocerlo, quizás aún más".
Entonces, ¿cómo se maneja el aspecto delicado de quién
paga la cuenta? Los meseros, habiendo aprendido sobre
este asunto y habiéndose vuelto sensibles al mismo, ya
no dan la cuenta automáticamente al hombre, sino que
la colocan en una charola en el centro de la mesa.

"A menos de que cuando hizo la cita para cenar, haya
aclarado que usted invitaba, lo que puede hacer es tomar

la iniciativa. Decir: '¿cómo te gustaría manejar esto?' o 'yo te invito esta vez, tú me puedes invitar la siguiente'."

Con esto se establecen varias cosas. Primero, que usted valora y respeta la opinión de la mujer. A las mujeres, y para el caso también a los hombres, no les gusta que alguien les dé órdenes o les haga demandas. Segundo, usted queda como una persona cortés y justa. No está sacando su calculadora de bolsillo y diciendo: "me debes 13.52".

En la "antigüedad", antes de que pasara de moda el romance, los hombres y las mujeres a menudo manejaban el problema de compartir los gastos de la siguiente manera: el hombre invitaba a cenar a la mujer, y la mujer después, recíprocamente, invitaba a cenar al hombre a su casa. Únicamente había unas cuantas variaciones a este esquema. Por ejemplo, que ella metiera una pizza al horno y él trajera un cartón de cervezas.

En la actualidad, las posibilidades de compartir los gastos son mucho más amplias. Por ejemplo, ella lo puede invitar *a usted* a cenar, y después usted puede cocinar *para ella* en su casa. La mayoría de las mujeres se conmueve más con el tiempo que dedica a cocinar una comida usted mismo, que con el dinero que gasta en un restaurante que cocina por usted.

O, si ella gana tanto como usted, sencillamente pueden tomar turnos para pagar la cuenta; usted paga una, ella paga la siguiente. Sin embargo, una advertencia en cuanto a este sistema de compartir. Si invita a una mujer a un restaurante caro, siempre debe pensar en pagar toda la cuenta. Sencillamente no es justo invitarla a un lugar más costoso que lo que ella hubiera elegido y después esperar que ella pague la mitad de la cuenta.

Independientemente de cómo decida manejar la situación de la cuenta, recuerde que la comida no tiene que ser costosa para ser romántica. Una pareja que yo conozco aquí en Nueva York, ha pasado su periodo de cortejo probando casi todos los restaurantes pequeños en el lado Oeste. Otra pareja se da la sorpresa uno al otro con restaurantes encantadores pero poco costosos. A menudo han descubierto restaurantes que se especializan en comida griega, italiana, hindú, chino, thai, o alguna otra comida étnica, lugares en los que pueden cenar, románticamente, por menos de veinte dólares.

Es posible ir a restaurantes más costosos sin gastarse una fortuna. Un neoyorquino dice: "Me gusta llevar a mi novia al Rainbow Room, al Windows on the World y a otros restaurantes elegantes que están en el piso más alto del edificio. Sencillamente le pido que nos veamos para tomar una copa y vemos la puesta del sol tomando un poco de vino. O le sugiero que desayunemos juntos, de preferencia de haber pasado la noche juntos".

El ser romántico es cuestión de demostrar qué tanto interés tiene. Tampoco tiene que gastar mucho en regalos. A la mayoría de las mujeres les conmueve más encontrarlo a usted en la puerta con una sola rosa que encontrarse dos docenas de tallo largo entregadas por un florista. Mejor aún, sorpréndala con regalos inventivos: fresas frescas en enero, helado italiano en julio, o algo especial creado por usted, por ejemplo, un libro de poemas que haya leído muchas veces.

Los regalos más apreciados son aquellos que demuestran qué tan bien *la* conoce, sus gustos, lo que le agrada y lo que le desagrada. Si le compra un perfume, cómprele uno que ella haya mencionado. Si le gusta la música clásica, compre el abono para una temporada de la sinfónica. Si ella menciona interés en aprender algún deporte nuevo, regálele algunas lecciones. Una amiga mía dice: "Nunca le compre nada que sugiera que ella deba perder peso o mejorar su intelecto".

Sin embargo, la mayor queja entre las mujeres es que los hombres no llaman con suficiente frecuencia. Una de las mejores formas de demostrar que piensa en ella es tomando el teléfono de vez en cuando y diciéndoselo, especialmente si usted o ella se encuentran fuera.

Si trabaja en una oficina, la doctora Machlowitz tiene algunas ideas especiales: "Que no lo comunique la secretaria. Marque el número usted mismo. Déle su número privado si es que tiene. Pero también cerciórese de darle el número de su casa, de otra manera ella puede sospechar que usted tiene esposa, novia o ambas escondidas en alguna parte.

El escenario de un acontecimiento ramántico

Aun cuando el romance por lo general se relaciona con bailar y cenar, es más un estado mental que cualquier otra cosa. Una larga caminata después de una tormenta de nieve es una de las situaciones más románticas que uno pueda imaginar, siempre y cuando ambos lleven ropa abrigadora; de igual manera, un paseo por los jardines botánicos en la primavera o por los bosques en el otoño. El ir a ver aparadores es romántico, al igual que hojear libros de segunda mano o visitar museos: Una persona creativa puede hacer que haya un acontecimiento romántico en el momento más inesperado y puede formarlo con los elementos más inesperados.

Tengo un amigo que se llama Arturo, el cual se estaba mudando a un nuevo departamento e iniciando una nueva relación al mismo tiempo.

Un día, invitó a su nueva amiga, Carol, a que viera su nuevo departamento. Todavía se encontraba en un estado de mudanza. Aun no habían conectado la electricidad y Arturo tuvo que prender unas cuantas velas. Aún no había equipado la cocina, pero había traído una botella de buen vino alemán y dos copas largas para vino. También había instalado el estéreo y cuando llegó Carol, tenía puesta música de Mozart. Le pidió disculpas por no poder contar todavía con alguna silla, al mismo tiempo que con un ademán la invitó a sentarse en la bolsa para dormir en la cual él dormía hasta que llegaran los muebles.

Arturo se sentó junto a Carol sobre la bolsa para dormir; y se terminaron la botella de vino mientras reían alegremente. La luz de las velas formaba hermosas sombras en la habitación vacía. Se acostaron uno junto al otro e hicieron el amor espontánea, libre, y románticamente.

Por lo menos eso fue lo que pareció. Posteriormente Arturo me dijo que él había planeado cuidadosamente toda la velada. Había pospuesto la entrega de los muebles, pedido prestada la bolsa para dormir y había comprado velas, todo con miras a una seducción fuera de lo común.

6

LA SEDUCCION Y LA EXCITACION

No hace mucho tiempo, regresé a Washington en donde vi a mi amiga Suzanne. A pesar del frío, decidimos visitar la exhibición de Rodin en la Galería Nacional de Arte.

—¿Sobre qué estás escribiendo ahora? —me preguntó sonriendo, mientras permanecíamos de pie junto a la escultura de Rodin, *El beso*.

—Sobre seducción y excitación —le contesté con un poco de renuencia.

Me miró de soslayo.

—¿Es insinuación?

—Únicamente si quieres que lo sea —le respondí.

Entonces me preguntó algo que me sorprendió.

—¿Sobre cuál vas a escribir primero?

—¿Qué quieres decir?

—¿Seducción o excitación? ¿Sobre cuál de las dos vas a hablar primero?

—Bueno, son más o menos lo mismo, así es que pensé hablar sobre las dos al mismo tiempo —contesté.

Su sonrisa desapareció y de repente pareció indignada.

—¿Qué quieres decir con que "son lo mismo"? No son lo mismo en lo absoluto.

Me sorprendí tanto que todo lo que se me ocurrió decir fue:

—No entiendo. ¿Por qué son distintas?

Suzanne procedió a enseñarme algo que desde entonces comprendo es esencial para un entendimiento completo de la mujer.

—La excitación —me dijo— es para los perros. Los perros se pueden excitar frotándose contra la pierna de alguien. Algunas veces pienso que los hombres son así, las mujeres también nos excitamos porque somos animales, sin embargo, la excitación no es suficiente, ni siquiera se aproxima. La excitación no es nada sin la seducción. La seducción es algo adicional. Es algo que le sucede a la mente. Si se me excita sin seducirme, resulta únicamente algo modesto, al igual que la indigestión, o que el cosquilleo que te hace estornudar.

Señalando la escultura de mármol frente a nosotros, agregó:

—Lo que quiero decir, es que para Rodin, el sexo era físico, pero también era una gran pasión.

Independientemente del nombre que se les dé, realmente hay dos cosas que tienen que suceder para que la mujer está preparada o lista para hacer el amor. Primero, ella lo tiene que *desear*. Su mente y su corazón tienen que estar preparados, dispuestos a aceptarlo, emocionalmente ansiosos de hacer el amor. Esta es la parte que Suzanne llamaría "seducción" y por lo general se da fuera de la cama. La segunda parte, quizás la más sencilla, es física. Ella tiene que ser "preparada" para hacer el amor. Su *cuerpo* tiene que estar listo para ello, desearlo. Esto es lo que Suzanne llamaría "excitación" y por lo general se da *en* la cama.

No creo que importen los nombres. Lo que sí importa es que el ayudar a la mujer a llegar a la etapa en la que ella está lista para hacer el amor requiere de atención tanto a sus necesidades emocionales como físicas.

Seducción

¿Qué es lo que provoca que una mujer *quiera* hacer el amor? Si se le hiciera la misma pregunta a cien mujeres, se podrían hacer cien listas distintas de requisitos.

Una mujer diría: "Un hombre alto y callado, que mida más de 1.80 m; que esté apasionadamente enamorado de mí, ir en un crucero en el mar, dar una caminata bajo la luna, un oleaje resonante".

Otra mujer podría decir sencillamente: "Mi marido, en cualquier momento, en cualquier lugar". En la química del corazón, no existen fórmulas.

Sin embargo, existen leyes de la naturaleza. Y de acuerdo con las leyes de la naturaleza de la mujer, hay tres cosas que deben tomarse en cuenta si la quiere seducir, y si se quiere hacerla que desee hacer el amor.

La persona adecuada

El factor más importante para determinar el éxito de la seducción es la persona que realiza la misma. No importa qué tanta atención le preste usted a escoger el momento adecuado y a preparar el escenario, si no le atrae a la mujer, seguramente está perdiendo el tiempo. Debido a que la mayoría de las mujeres ve el sexo como algo más que una mera gratificación física, son menos propensas que los hombres a ir a la cama con alguien que no consideran "adecuado". Tenga confianza en usted mismo, pero también sea honesto. Le evitará a ambas partes la situación embarazosa e incómoda de una seducción fallida.

El momento adecuado

Para que una mujer quiera hacer el amor, no debe sentirse presionada por el tiempo u otras circunstancias, esta es la razón por la cual la seducción tiene que "encajar" en el resto de su vida para que tenga éxito.

"Hasta los hombres que son listos cometen errores verdaderamente tontos algunas veces" dice una decoradora de interiores de Los Ángeles.

"La semana pasada fui a cenar con un hombre con el que he salido algunas veces y quien realmente me simpatiza. Al principio de la velada le dije que muy temprano al día siguiente tenía que tomar un vuelo a Phoenix para ir a una convención, pero él *de todos modos* pasó la velada tratando de que fuera a la cama con él. Realmente quería hacerlo. Estuve tratando de decirle 'alguna otra noche, Dan', pero él pensó que esta era una frase hecha".

Naturalmente, hay mujeres para las que el "momento adecuado" es cualquier lapso de quince minutos que tengan libre, a quienes excita la idea de sexo espontáneo en lugares fuera de lo común. Sin embargo, usted tiene que estar muy seguro de que ella sea una mujer de este tipo antes de sugerirlo.

¿Qué hay con respecto a "esos días del mes"? De acuerdo con el doctor Avodah K. Offit, terapeuta sexual, las mujeres responden de manera distinta al sexo durante su periodo de menstruación. Para algunas, los cólicos mentruales pueden disminuir el interés sexual. Para otras, la excitación sexual puede ser mayor que el dolor o tensión moderados.

A algunos hombres los desanima la idea de hacerle el amor a una mujer cuando está menstruando; otros lo consideran una señal de virilidad. Aun cuando el hombre puede tener poco efecto en el dolor o tensión de la mujer a la menstruación, sí tiene cierta influencia. La reacción de la mujer a la menstruación, también depende de la reacción que tenga su amante a la misma. "Las respuestas de los hombres —señala Offit— varían desde el temor a ser manchados, hasta soñar con un baño en el flujo rosado de su amante. Algunos hombres insisten en usar toallas antes, durante y después; otros pintan sus cuerpos como si fueran salvajes en una celebración de fertilidad, vida y amor".

El ambiente adecuado

Se ha escrito mucho sobre crear el estado de ánimo adecuado para hacer el amor. Aunque esto pueda parecer un cliché, descubrí que las tres cosas favoritas son las velas, las flores, y la música. La música puede ser un afrodisiaco particularmente fuerte: desde el ritmo uniforme de su álbum de rock favorito hasta las suaves cuerdas de un concierto de arpa barroca, la música puede establecer tanto el estado de ánimo como marcar el paso para hacer el amor. Sin embargo, si usted es adecuado para ella, si ella es adecuada para usted, y si el momento es adecuado para ambos, el ambiente no es terriblemente importante para hacer el amor con éxito.

Y he hablado con muchas mujeres que están de acuerdo. Una de ellas, dice: "Las pequeñas cosas son bonitas, debo admitirlo, pero no son esenciales. Pienso que con demasiada frecuencia se emplean como *sustituto* de lo real en una relación. Es como actuar. Tú sabes, 'finjamos que estamos enamorados'."

Si bien considero que el interés y la confianza son más importantes al hacerle el amor a una mujer que las flores y las cenas con champaña, existen ocasiones en las que la mujer quiere ser tratada de forma especial. Es en circunstancias como estas que el ambiente en verdad puede intensificar el acto de hacer el amor. Estas son ocasiones para realmente sacar la alfombra roja, poner flores (o mandárselas a su casa), prender todas las velas que pueda encontrar, escuchar música suave, y, como dice una amiga mía "hacer como si se estuviera grabando un comercial de vino".

Sólo recuerde, que a menos que reserve este tipo de escenario para ocasiones especiales, se le quitará todo lo especial. Parte de la magia es que sólo sucede rara vez. Naturalmente, las mejores "ocasiones especiales" son cuando usted la sorprende sin que exista ninguna razón para ello.

¿Cómo afectan los estimulantes tales como el alcohol y las drogas el nivel de sexualidad de la mujer? Una mujer expresa: "Si estoy tensa, todo lo que necesito es un trago o un poco de mariguana para relajarme. De hecho, para mí lo que realmente funciona es la mariguana. Lo maravilloso de esta es que hace que te intereses intensamente en lo que haces. Estás totalmente consciente de todas las sutilezas de la sensación".

El efecto del alcohol y de las drogas depende, primordialmente, de las cantidades que se tomen. Si se toman en exceso, el alcohol y las drogas tienden a suprimir el impulso sexual. Por otra parte, muchas de las mujeres con las que he hablado plantearon de distintas maneras la misma idea: que tanto el alcohol como las drogas son muy útiles para disminuir las inhibiciones que con tanta frecuencia complican la respuesta sexual.

¿Lo hará o no lo hará?

Si usted es la persona "adecuada" y el momento y ambiente también lo son, por lo menos en su opinión, ¿cómo puede estar seguro de que ella está de acuerdo? ¿cómo puede saber si ella quiera hacer el amor? Parte de la seducción es poder leer las señales.

El leer dichas señales es especialmente difícil la primera vez que se hace el amor. Una ama de casa en Boston comentó: "Todas las relaciones sexuales tienen dos fases, antes y después de la primera vez".

La mayoría de los hombres y mujeres con los que he hablado se refiere a la primera noche de relación sexual con una nueva pareja como una combinación de emoción y angustia. Una buena relación sexual no siempre se da la primera vez, pero psicológicamente puede ser igual de emocionante. Sin embargo, para la mujer, el sexo rara vez es tan bueno la primera vez como lo será posteriormente, después de que hayan hecho el amor juntos muchas veces. Sin embargo, la primera vez es importante para marcar la pauta de encuentros posteriores. De hecho, el cómo se maneje la primera vez seguramente determinará si habrá o no una segunda.

El trauma de la primera vez que los hombres reportan con más frecuencia es tratar de determinar si sus parejas realmente quieren sexo. Irónicamente, uno de los problemas de la primera vez que las *mujeres* reportan con más frecuencia es no poder decidir si realmente quieren sexo. Por lo tanto, no es de sorprender que los hombres estén confundidos. ¿Cómo puede él saber lo que ella quiere si *ella* misma no lo sabe?

Un abogado de Boston me confió: "Me llevó mucho tiempo darme cuenta de que cuando una mujer dice no, algunas veces realmente quiere decir 'demuéstrame qué tanto me deseas'. Me perdí muchas oportunidades al creerme ese primer no. Muchas mujeres desean ser avasalladas por el deseo del hombre".

Un ejecutivo de seguros en Hartford, dice: "Es frustrante, uno se empieza a excitar, ella también se excita, uno está seguro de que ambos ya están ansiosos de ir a la cama, y en cuanto se piensa que es algo seguro, surge una barrera. Algunas veces es lo que ella dice, otras lo que hace, y otras más es únicamente una sensación".

Para que una mujer disfrute por completo la exploración y descubrimiento de la primera noche en la cama, ella tiene que entregarse, estar completamente cómoda, sin la presión de angustias o reservas.

Muchas mujeres quieren excitarse pero no quieren llegar hasta el final. Lo que parece una señal clara de que la mujer quiere hacer el amor, puede ser únicamente una señal de que solamente quiere excitarse. Existe una línea sutil, algunas veces apenas perceptible entre ambas cosas, línea que es muy difícil interpretar.

La señal más confiable es el contacto visual. De hecho, los ojos son la ventana del alma, y la preocupación de los poetas a través de los siglos en cuanto a los ojos de los amantes, es una prueba convincente. Dante sabía que los hombres y las mujeres podían decir más con los ojos que con la boca cuando dijo de su amor, Beatriz, "sus ojos han disparado flechas a mi corazón".

Existe la misma renuencia para que las mujeres contesten una pregunta directa tal como "¿quieres sexo?" como para que los hombres la formulen. Una joven música de Boston dice: "El hacer el amor es como la coda de una sonata de Beethoven, la velada debe fluir de esta manera' ".

Si desea saber cuán dispuesta está ella, la mejor forma de averiguarlo es hacer una insinuación y ver cómo reacciona ella, con los ojos. El eterno favorito, se trate de la primera vez o no, es ofrecerle un "masaje en la espalda". Si está interesada, sus ojos mirarán rápidamente hacia usted con una mirada que combina una ligera negación con un interés travieso, usted reconocerá esa mirada cuando la vea. Casi cualquier conversación sobre cualquier tema, independientemente de lo inocua que sea, proporciona muchas oportunidades para miradas soslayadas e insinuaciones.

Otra "prueba" es la pista de baile. No dejo de recordar lo que dijo Fred Astaire de Ginger Rogers: "Ella podía lograr el sexo a través del baile: "También recuerdo lo que un joven doctor de New Haven me dijo sobre el "interpretar" los desos sexuales de la mujer. "Cuando vamos a bailar, yo siempre sé cuándo mi esposa tiene ganas de hacer el amor", me dijo mientras su increíblemente hermosa esposa estaba sentada del otro lado del salón y sonreía comprensivamente, "es la presión de su mano sobre mi hombro, el repentino toque de mi muslo, el ligero suspiro que ella emite cuando la aprieto más durante las piezas lentas".

Uno puede indagar mucho más con respecto a lo preparada que está la mujer para hacer el amor cuando uno baila con ella. La mujer en la pista de baile es una especie de pantomima de su yo sexual. Nunca he conocido a una buena bailarina que no fuera una buena amante. Es interesante que las mujeres digan lo mismo con respecto a los hombres, una mujer aseguró: "Puedo observar a un hombre bailar durante un minuto y saber exactamente cómo es en la cama: la forma en que mueve la cadera, la forma en la que sigue el ritmo de la música, la forma en la que mueve el cuerpo, todo está ahí".

Esta es otra área en la que los hombres pueden aprender una lección.

A mí me gusta bailar por otra razón más. Si una mujer no se encuentra en estado de ánimo romántico cuando sale a la pista de baile, seguramente sí se encontrará cuando regrese de ésta.

Por supuesto, uno no tiene que ir a bailar para probar la "calidez" física de la mujer hacia usted. Sólo observe si ella hace una pausa "demasiado larga" cuando lo abraza para saludarlo, o cuando toma su brazo para cruzar la calle.

"Los besos no mienten" dice la vieja canción, y las mujeres con las que hablé parecieron estar de acuerdo. Un amigo mío que parece tener mucho éxito con las mujeres, dice: "Todo está ahí mismo en el beso, uno nunca debe tener que hacer la pregunta".

He aquí una rápida enseñanza sobre interpretación de los besos, cortesía de mi exitoso amigo. Si usted la besa con entusiasmo. ¿Responde ella? Aún más importante ¿lleva ella el beso un paso más allá? Si sólo le da un beso pequeño ¿provoca ella que su boca se abra? ¿Es ella la primera en usar la lengua?; si usted usa la lengua ¿responde ella con facilidad? Si la respuesta a cualquiera de estas preguntas es sí, puede estar seguro de que ella quiere más. Qué tanto más, es una pregunta que podrá responder con sólo presionarla, suavemente, un paso más allá.

Si ella quiere más, hará una señal más clara o sencillamente esperará hasta la siguiente ocasión. De cualquier manera, usted tendrá otra oportunidad. Si ella *no* quiere más pero usted presiona, ella tendrá que rechazarlo rehusándose claramente o padecer un encuentro sexual que realmente no quiere. Esto puede significar el final de la relación. Si fuerza a una mujer a tener sexo cuando ella no está lista, quizá "lo tenga o no"; sin embargo, en cualquiera de los dos casos, se requerirá de un gran esfuerzo para convencerla de que es el tipo de hombre que ella quiere volver a ver.

En caso de que, ya sea al principio o en algún momento en el transcurso de la relación, ella muestre una restricción activa, no la presione. Ella le está mandando un mensaje claro: "Te necesito conocer mejor antes de dar un paso más. Quiero saber que eres el hombre adecuado". Capte el mensaje. En caso contrario, únicamente provocará una situación embarazosa y de resentimiento.

Si el mensaje no está claro, existe una buena razón para ello: ella no está segura. De ser este el caso, nuevamente, no la presione. Mi exitoso amigo dice: "Si hay alguna duda con respecto a las señales, interprétela como una señal negativa".

En otras palabras, es mucho mejor cometer un error de restricción que uno de presión.

La forma más segura es evitar por completo hacer el amor. Usted no corre el riesgo de que lo rechacen diciéndole que no, ni el resentimiento que sigue a un sí renuente. Como ya dije anteriormente: cuando haya duda, deténgase. Esto es válido aun si ya se ha quitado la ropa y ya está en la cama. Un amigo mío, afirma: "Sólo un santo puede detenerse cuando ya uno ha llegado tan lejos, y yo no soy un santo".

No hay que ser santo, sólo se requiere de un poco de sentido común. Por cierto, a mi amigo no santo no le va muy bien con las mujeres.

Dígale suavemente que sólo quiere tenderse sobre la cama desnudo con ella y sentir su piel cerca de la suya. En sus días de soltería, mi amigo Ted tenía una forma especial de hacer que las amantes angustiadas se sintieran cómodas. Cuando se daba cuenta de que una mujer estaba nerviosa, le decía que no quería que ella lo atacara a *él*, que él estaba de acuerdo en que se acostaran desnudos uno junto al otro sólo si ella estaba dispuesta a controlarse.

Si ella estaba ansiosa con respecto a quedarse esa noche, Ted le ofrecía una pijama de franela de Brooks Brothers, sumamente cómoda, la arropaba bajo la cobija y le daba un beso de buenas noches.

Así que tómese su tiempo, no la presione. Si está seguro de que ella no quiere hacer el amor, reafírmele que, el hecho de que se hayan quitado la ropa no significa que usted espera que se consume el acto. No existe una cosa tal como una "obligación" en el acto verdadero de hacer el amor. Dígalo con buen humor; no sea melodramático ni haga el papel de mártir. Recuerde que lo que usted quiere es que ella *quiera* hacer el amor. Si ella lo hace por condescendencia o por un sentido de obligación, ya no es hacer el amor, sino únicamente "desahogarse".

Nada hace que una mujer se sienta tan completamente cómoda ni aumenta tanto las oportunidades de que las cosas salgan mejor la siguiente vez, que la confianza. Y nada la volverá más irritable y hará que el amor sea *menos* probable que la presión, aun si sólo es psicológica.

Una vendedora de Los Ángeles, opina: "No creo que haya una mujer viva que no se haya sentido sexualmente atrapada. Es casi como si las puertas estuvieran cerradas. Puede ser una verdadera pesadilla".

Cuando usted controla el impulso de presionarla sexualmente, no sólo le está evitando ese tipo de angustia, sino que también "vive para amarla otro día". Piense en el control como una posibilidad en el futuro. Usted renuncia a un sexo vacilante hoy, con la esperanza de que juntos podrán hacer el amor mañana.

He aquí lo que un amigo mío, quien con regularidad practica el control sexual, tiene que decir al respecto: "Siempre que le digo a una mujer que no quiero

hacer el amor si ella no lo desea, terminamos hacién-
dolo, si no necesariamente la siguiente vez que nos vemos, muy poco después. Ella sabe que significa más
para mí que un simple orgasmo".

Anticonceptivos

Si una mujer está angustiada con respecto a la primera vez, eso se puede deber no a que no quiera hacer
el amor, sino a algo más específico. De ser posible, usted
debe tratar de aislar la fuente de angustia: ¿Qué temor
femenino es el obstáculo? (Ver capítulo 4, "El temor a
volar").

En muchos casos, el temor es el de un embarazo.
Por lo tanto, empiece a preguntarle si está protegida.
El tono de su voz es muy importante. Debe ser un tono
matizado con interés, no exigente ni acusatorio. "¿Estás
protegida?". En vez de: "¿Estás protegida, verdad?".

Si bien la información sobre el control natal es totalmente disponible, en la actualidad muchas mujeres no
están protegidas. Una razón es que la píldora goza de
desprestigio médico y el dispositivo intrauterino puede
causar problemas. Muchas mujeres usan diafragma, pero
uno no puede esperar que la mujer siempre lo lleve
consigo en caso de que lo llegue a necesitar. El traer
puesto el diafragma o llevarlo en el bolso indica que
ella *espera* tener relaciones sexuales, una posición de
dependencia psicológica que muchas mujeres evitarían
a toda costa, aun a riesgo de no tener protección.

Si ella no está protegida, usted tiene otras opciones
aparte de la abstinencia total, si bien el coito queda
eliminado, no se elimina la posibilidad del sexo oral.
Un joven que conozco en Vermont, me contó sobre su
novia del sur quien esperó hasta que ya estaban en la
cama para decirle que ella no quería realizar el coito.
"Era algo en contra de sus creencias" señaló él, "le dije

que estaba bien, que no importaba, pero ¡cielos! cómo me sorprendí cuando me hizo el mejor sexo oral de mi vida. Después yo le hice lo mismo a ella y le encantó".

Una opción todavía más responsable, es que usted mismo proporcione la forma de anticonceptivo. Esta es la mejor manera en que el hombre puede apaciguar el temor de un embarazo, porque realmente le demuestra a la mujer que a él *le importa* tanto como a ella la posibilidad de un embarazo no deseado. Muchas mujeres se encolerizan calladamente porque los hombres a menudo son caballerescos en cuanto a los riegos involucrados.

La mejor forma de demostrar su interés es estar dispuesto a renunciar a parte de su propio placer con el fin de protegerla a ella. Por lo general esto significa usar un preservativo, algo a lo que la mayoría de los hombres se resiste fuertemente. Un tabernero que conozco en Los Ángeles dice: "Detesto los preservativos. Te lo pones y de nada sirve que te hayas molestado".

Aun si no eliminan el placer del acto, a menudo eliminan la pasión. El mismo hombre, añade: "Ahí está ella, esperando, enfriándose mientras tú te enredas con tu propio pene ¡olvídalo!"

Una forma de resolver la situación es pedirle a ella que le ponga el preservativo. El que ella suavemente desenrede el hule a lo largo del pene erecto, puede ser sexualmente excitante para ambos (Puede resultar igualmente excitante ayudarla a insertar el diafragma, en caso de que esto sea lo que se utilice). Si ella sabe que usted lo hace porque tiene interés en ella, puede estar seguro de que no se va a "enfriar" durante el tiempo necesario para colocárselo.

Si decide usar el preservativo, no se muestre ansioso de usarlo. No tenga un paquete en el buró junto a la cama. Ella puede suponer que los compró especialmente para cuando ella lo visitara, o aun peor, que los tiene a mano porque los necesita con mucha frecuencia. Ninguna de las dos suposiciones es ni muy halagadora, ni muy excitante.

Excitación

¿Qué sucede si usted recibe señales visuales o movimientos corporales favorables de la mujer? Si sus ojos o cualquier otra cosa le "dice sí", hacer el amor es el siguiente paso. Usted se ha ganado la mente y el corazón de ella. Lo único que resta es convencer al cuerpo.

Si se encuentran solos y puede abrazar y acariciar a la mujer mientras le habla, seguramente la está seduciendo y excitando al mismo tiempo. Sin embargo, en el transcurrir normal de las cosas, muchas mujeres no dan la oportunidad de que se les excite hasta que no se les seduce. Sus cuerpos siguen a sus corazones, lo contrario de lo que le sucede a muchos hombres.

La excitación es un asunto privado. Muchas mujeres se quejan de que los hombres tratan de excitarlas sexualmente en público, acariciándolas o besándolas o mediante alguna otra forma. Consideran que se les embroma, que no es un afecto físico genuino con interés en ellas. Como me dijo una mujer: "Eso no puede llegar a ningún lado".

Las mujeres tienden a ser más reservadas físicamente que los hombres, y usted debe recordar esta diferencia antes de presionar por algo aparte de un "cariño" social en público.

Suzanne opinó: "La excitación es el arte de hacer que la mujer desee el amor".

A mí no se me ocurre una descripción mejor. Empieza tan pronto como los cuerpos se tocan y realmente no termina sino hasta el momento del orgasmo.

Besarse

Muchas mujeres que conozco preferirían ir a la cama con alguien que sabe besar que con un atleta sexual.

En la lista de cosas que realmente excitan a las mujeres, el saber besar obtendría una muy alta calificación. Las mujeres a menudo consideran el acto de besar como una forma especial de comunicación.

Una estudiante de la Universidad de Nueva York dice: "Si el beso realmente expresa algo, todo lo demás encaja en su lugar. Si el hombre se toma tiempo y realmente disfruta del besar, hace que yo me sienta cálida por todas partes y sé que el sexo va a ser bueno".

Desafortunadamente, muchos hombres piensan que besar es una tontería inútil a menos de que las bocas estén totalmente abiertas y las lenguas se encuentren cerca del esófago de sus parejas. Para las mujeres, besar es un arte mucho más variado y refinado.

Una mujer comenta: "El beso a la francesa está bien, en el momento adecuado. Sin embargo, yo tengo que estar bastante excitada para realmente disfrutarlo. Me gusta excitarme con besos suaves y cariñosos. Es mucho más probable que así llegue al punto en el que quiera besar a la francesa".

La mayoría de las mujeres con las que he hablado, parecen estar de acuerdo.

Por tanto, piense en el besar en términos de etapas. Empiece con los labios cerrados. Bésela con suavidad, con calidez. *Ternura* es una palabra que escuché emitir a las mujeres una y otra vez: "Un beso tierno realmente me excita".

Al excitarse ella sexualmente, usted puede empezar a besar con más firmeza, con más humedad, con más rapidez. Después puede abrir los labios y ver su reacción cuando su lengua entre a la boca de ella y toque la punta de su lengua. Si usted retira la lengua y la de ella lo sigue, vaya un poco más allá la siguiente vez. Nunca presione demasiado con demasiada rapidez; siempre esté consciente de las reacciones de su pareja.

Déle a la mujer la oportunidad de iniciar el tipo de besos que *a ella* le guste: deje que aparte los labios *de usted,* que tome la iniciativa para la siguiente etapa. Una parte de interesarse en los sentimientos de la mujer es darle a ella la oportunidad de interesarse en los suyos.

Cómo desvestirla

Al desvestirse, lo más importante es tratar el cuerpo de ella con aprecio e interés. Como la mayoría de las mujeres se preocupan por sus cuerpos, la puede ayudar a sentirse cómoda manteniendo la luz tenue o prendiendo velas.

El mejor enfoque es desvestirla. Hágalo lentamente, con un placer deliberado, antes de empezar a desvestirse usted mismo. Aprecie cada nueva parte del cuerpo de ella a medida que se va revelando; o, aún mejor, bésela suavemente y ahórrese las palabras. Cuando proceda a desvestirse usted mismo, permita que ella lo ayude, pero mantenga la vista y el foco de su atención en el cuerpo de la mujer.

Un hombre me comentó que su enfoque favorito al desvestirse es una variación de lo anterior. Él y su novia no se molestan en quitarse la ropa en seguida; se van a la cama vestidos y se acarician así. Si sigue este método, el desvestirse se convierte en parte del juego preliminar. En vez de romper la tensión sexual para desvestirse, ésta se mantiene acumulando tensión poco a poco, pieza por pieza, a medida que la ropa se retira. Su concentración en este momento crucial en el acto de hacer el amor, se encuentra en donde debe estar, en ella.

Juego preliminar

Este es el ingrediente que las mujeres mencionan con más frecuencia como "esencial" para en verdad hacer el amor. Irónicamente, también es el ingrediente de cuya ausencia se quejan con mayor frecuencia.

El aspecto más importante que hay que recordar es que lo que constituye un juego preliminar para la mujer, a menudo es una excitación directa para el hombre. Si le acaricia suavemente el seno o acaricia con su lengua la oreja, éste es únicamente el principio para ella. Si ella le hace lo mismo a usted, la erección es casi instantánea, y naturalmente, una vez que tiene una erección, tendrá únicamente una cosa en mente y ella sentirá que tiene que olvidarse de todo lo demás y hacer que suceda lo que usted desea.

El momento oportuno es el elemento crucial en el juego preliminar. Debido a que los hombres pueden excitarse con más rapidez y lograr el orgasmo con más facilidad, a menudo se olvidan de que las mujeres necesitan más tiempo. No sabemos si las diferencias son biológicas o psicológicas, pero independientemente de su fuente, existen.

Por lo tanto, *usted* deberá tomar la iniciativa, especialmente al principio, déle placer durante un rato sin esperar nada específico a cambio. De esta manera le puede dar a su pareja la ventaja que ella necesita para recorrer su camino, el cual es más largo, al orgasmo.

Muchos de los hombres con los que he hablado parecen pensar que existe un secreto relativo al juego preliminar, un misterio para excitar a la mujer sin contacto genital.

Un joven doctor, afirma: "A mí me gusta acariciar a la mujer y ser tierno con ella, pero si no pongo la mano en sus pantaletas para ver si está húmeda, ¿cómo puedo saber si está verdaderamente excitada? En mi caso es fácil saberlo. Todo lo que ella tiene que hacer es mirar hacia abajo y ver el bulto. Sin embargo, en el caso de ella tengo que colocar mi dedo para saber y después no sé si es la ternura o el dedo lo que la ha excitado".

El dilema del doctor es típico. Infinidad de hombres piensan que el cuerpo de la mujer en realidad tiene úni-

camente dos áreas erógenas. Nada podría apartarse más
de la verdad. La mujer es una verdadera mina de oro de
sensibilidad sexual. Casi no hay un centímetro cuadrado
de su cuerpo que no sea un desencadenador de excitación sexual, siempre y cuando el estado de ánimo sea
adecuado y la forma de tocar de usted sea adecuada.

Una mesera de un restaurante de Hartford, dice: "He
oído a los hombres hablar sobre su pene, y esa es exactamente la forma en la que yo me siento *por todos lados*
cuando estoy realmente excitada: como un gran pene.
El toque adecuado *en cualquier parte* hará que me excite".

Las caricias preliminares pueden hacerse en cualquier
parte del cuerpo de ella; difícilmente existe un centímetro cuadrado que no tenga el potencial de volverse
totalmente erótico. En mi opinión (la cual es compartida por muchos hombres), el ser un "gran amante" significa explorar y obtener placer en *todo* el potencial
sexual de la mujer.

¿Por dónde empezar? Toda mujer tiene un lugar
favorito, lugar en el cual ella es muy sensible y se excita
fácilmente. Explore su cuerpo y descubra ese lugar especial. Algunos buenos candidatos son: las orejas (especialmente el lóbulo de la oreja), la boca, la nariz, el
cuello. He conocido mujeres que tiemblan de excitación
cuando uno da masaje suave en las manos o pies.

Intente combinaciones fuera de lo común. En vez
de sencillamente un contacto de boca a boca, intente
tocar los labios de ella con el dedo, o darle masaje en
los dedos, uno por uno con la boca. Lo mismo es válido
con los dedos de los pies.

Los senos

Algunas áreas son más sensibles que otras, por ejemplo, los senos. A los hombres norteamericanos les preocupan los senos de la mujer. En Estados Unidos prácti-

camente se rinde culto a los senos. Sin embargo, una queja común de las mujeres con las que hablé, es que los hombres no saben cómo tratar a los mismos.

Una mujer dice: "Por lo general son tan torpes, tienen en las manos el desencadenador más efectivo para excitar a una mujer y ¿qué hacen? aprietan con demasiada fuerza, muerden, hacen todo, excepto hacer que una tenga una sensación cálida. Son demasiado bruscos".

El acariciar los senos de la mujer es un arte, un arte fino. Debido a que la sensibilidad de los senos puede variar de una semana a otra por los cambios hormonales en el cuerpo de la mujer, siempre deberá mostrarse sensible a las reacciones de ella. Existe una línea tenue entre la estimulación y el dolor.

Empiece por acariciar los senos con suavidad, apenas tocando el pezón. Siempre cambie la dirección y el peso de la caricia para que no sea irritante. Los pezones deberán endurecerse. Cuando estén duros, tome uno a la vez y oprima suavemente con su mano. Ahora mueva la mano con movimiento lento y circular. La fricción será exquisita y el pezón quedará totalmente erecto.

Hay que hacer las cosas en etapas, siendo cada una más estimulante y más fuerte que la anterior. Nunca haga demasiado con demasiada rapidez. La siguiente etapa es tomar el pezón entre los labios y alternativamente lamer, chupar, "aletear con la lengua". Todo este tiempo deberá acariciar el seno con creciente firmeza (pero nunca con demasiada). Algunas mujeres disfrutan si se les muerde ligeramente el pezón.

El momento en que usted acerca la cara al seno, es muy especial. Disfrútelo. La mayoría de las mujeres encuentra el contacto entre la boca del hombre y su seno, muy estimulante.

Una ama de casa dice: "Considero que es uno de los momentos clave al hacer el amor, de alguna manera, el tener la cabeza del hombre entre los senos, su aliento sobre el pezón, el cabello de él cepillándola a una, *eso es 'sexy'* ".

La clave para excitar a una mujer es la sensibilidad. Ya sea que la esté besando, desvistiendo, acariciándole los senos, o explorando; algunas mujeres querrán que las guíe, otras lo querrán guiar. Si hace las cosas adecuadamente, ambos saldrán ganando en el "juego del cortejo". Y ambos podrán compartir el premio: Hacer el amor.

7

HABLAR

Una atractiva mujer que conozco, me miró a través de la mesa que compartíamos en un restaurante muy elegante y me dijo en un murmullo tan fuerte que estoy seguro que el chef la pudo escuchar:

—Clint Eastwood es lo peor que le pudo haber sucedido a mi vida amorosa.

Estaba tan enojada, que temí que tomara el "mousse" y se lo aventara al mesero; sin embargo, éste la había oído y permanecía alejado.

—Jennifer —le dije, tratando de mantener la calma mientras todos en el restaurante nos miraban— ¿cuál es el problema? ¿Es Dennis?

Dennis era el hombre a quien ella había estado frecuentando durante algunos meses. Yo los había presentado y estaba contento de que parecían llevarse bien. Casi esperaba que ella hablara de matrimonio, no de estrellas cinematográficas.

Jennifer procedió a hablarme sobre el lío que Clint Eastwood había provocado en su vida sexual con Dennis. Aparentemente, Dennis había aprendido sus "modales en el dormitorio" de las películas de Clint Eastwood; en especial de las películas en las que él desempeña el papel del hombre peleonero, del matón, del vaquero, del convicto fuerte, callado y sexy.

A Jennifer no le importaba la parte fuerte, pero la parte callada la estaba volviendo loca.

—Pasamos toda una velada hablando —me dijo—, después, repentinamente, tan pronto como empezamos algo serio se calla. Y no dice otra palabra sino hasta la mañana siguiente. Él piensa que es "sexy" el que no diga nada. Yo creo que es enfermizo.

El amante "fuerte, callado" es quizá el mejor ejemplo de lo poco que los hombres saben sobre lo que realmente quieren las mujeres. Al igual que Don Juan y Casanova, el amante fuerte y callado en realidad es más el producto de las inseguridades sexuales del hombre que de las fantasías de la mujer; es lo que los hombres *piensan* que las mujeres quieren, no lo que ellas realmente quieren.

Una profesora adjunta se queja: "Los hombres parecen apretar los dientes cuando se meten a la cama, tienen la determinación de tener sexo, de lograr el increíble orgasmo. Esto es casi tan divertido como perseguir a Moby Dick, con el capitán Ahab".

Naturalmente, existen algunas mujeres que prefieren el sexo sin adornos, lo que una mujer denominó "hacer el amor como animales". A menudo confunden el silencio con la pasión y quieren acción, no palabras. Sin embargo, para la mayoría de las mujeres, el hablar, la comunicación verbal, es parte esencial de hacer el amor satisfactoriamente.

De hecho, las palabras pueden ser el afrodisiaco más fuerte. Son indispensables en el proceso de seducción y excitación, pueden hacer más profunda la satisfacción física del sexo en sí, intensificar la intimidad y calidez que tanto desean las mujeres después del coito. Con toda esta versatilidad y potencial, es sorprendente que se descuide tanto la comunicación verbal. Una mujer que ha viajado extensamente dice: "Los irlandeses te pueden provocar un clímax con palabras".

¿Por qué los hombres norteamericanos tienden a ser callados? En parte se debe a la imagen de John Wayne, Gary Cooper y Clint Eastwood, con respecto a la que se quejaba mi amiga Jennifer. Sin embargo, se debe principalmente a su inseguridad cuando se trata de hablar; al temor de que digan algo tonto. Yo creo que muchos hombres tienen arraigado en la mente el viejo dicho: "más vale callarse y que se piense que uno es tonto que abrir la boca y confirmarlo". Independientemente de cuáles sean las razones, muchos hombres afectan innecesariamente sus habilidades para hacer el amor al evitar las expresiones verbales de amor y ternura.

Antes del sexo

Obviamente, el tema más adecuado para la "plática de amor" es el amor. Si se siente inseguro sobre sus propias palabras en cuanto al tema, haga lo que hacían los galanes durante el Renacimiento: tome las palabras adecuadas de los poetas. No es necesario hacer algo muy exagerado. Si hay un poema que le gusta ofrézcaselo a ella; pídale que le lea su poema favorito. Si a ella le gusta esto, haga de la lectura parte de sus actividades.

A una amiga mía, quien ha estado felizmente casada con el mismo hombre durante quince años, todavía le encanta que él le lea antes de ir a la cama. No necesariamente tiene que ser poesía. Algunas veces se trata de una novela y él le lee un poco cada noche. Otras veces ambos comparten la lectura.

Durante el sexo

El lugar más importante para comunicarse, para emplear una o dos palabras para expresar los sentimientos, es la cama. Esto constituye una sorpresa para muchos hombres que están acostumbrados a hundirse entre las sábanas; sin embargo, casi todas las mujeres con las que platiqué expresaron el deseo de más comunicación durante el sexo.

Al hablar durante el sexo hay más que sólo palabras. El hablar le dice a una mujer que usted está interesado en ella como persona, no únicamente como medio para su satisfacción sexual. Las mujeres quieren saber que a los hombres les interesan sus sentimientos, sus reacciones, durante el acto de amor. Cuando alienta a la mujer a expresar estos sentimientos, está demostrando que ella le importa, que no está tan embebido en sí mismo y su placer como para pensar que las reacciones de ella son poco importantes.

Una divorciada de treinta y tantos años, que vive en Nueva York, dice: "Unas cuantas palabras, en el momento oportuno, pueden cambiar el mundo, le dan toda una nueva dimensión al sexo y hacen que el orgasmo tenga nuevas raíces".

El mejor tema sobre el que puede hablar, es sobre ella, acerca de las cosas que le gustan. Algo personal. No hable sobre lo que está haciendo o lo que va a hacer Esas son trivialidades. Coméntele lo que le gusta a usted, dígale qué siente. *Suavemente,* déle instrucciones cuando las pida. Siempre aliente, nunca exija.

Si usted no está acostumbrado a las palabras durante el sexo, aproveche esta idea de hombres de otros países.

Una diseñadora de modas italiana señala: "La mayor diferencia entre los hombres norteamericanos y los italianos, es que los italianos son más verbales, mucho más. Para ellos, el sexo no es nada sin palabras, por lo general recitan cadenas de halagos: *Sei divina. Sei stupenda. Amore mia, sei la piu bella donna del mondo.* A plena luz del día, estas palabras pueden sonar exageradas, pero bajo la suave luz en la que se hace el amor, caen en oídos acogedores. La mujer italiana *sabe* que los halagos son exagerados, pero espera escucharlos y los disfruta.

Sin embargo, hay algo más en la plática sexual que las palabras cariñosas. Las palabras pueden lograr que hacer el amor sea algo más suave, puede ayudar a los dos a decirse qué es lo que les proporciona placer.

Algunas mujeres se excitan con peticiones sexuales explícitas. A otras las inhiben. Usted tendrá que sondear. "Si un hombre no me dice lo que quiere que haga, ¿cómo lo voy a saber?" —Pregunta una bibliotecaria de Phoenix, cuya esbelta figura y hermosa cabellera rompen todos los estereotipos sobre las bibliotecarias con gafas.

"Después de todo, el cuerpo de él es muy diferente al mío. Él no puede esperar que yo lea la mente. Una quiere saber qué le causa placer a él".

La mayor parte de las veces, es necesario que le diga a la mujer lo que le produce placer a usted y que la aliente a que ella haga lo mismo. No hay razón para que sólo deba guiarse por los suspiros y gemidos. Un suspiro le puede indicar si debe ir más rápidamente o emplear un movimiento distinto, o hacer lo mismo pero un poco hacia la izquierda.

Un hombre opina: "Hay algo que conforta mucho en las mujeres que comunican su placer, es como si ella estuviera en la torre de control de un aeropuerto y 'lo ayuda a aterrizar con suavidad'. 'Me encanta cuando haces eso', puede decir ella. O 'no te detengas'. O, 'bésame aquí' ".

Las mujeres disfrutan tanto como los hombres de la comunicación abierta durante el acto de hacer el amor.

¿Y qué hay con respecto a usar "malas palabras"? Algunas mujeres lo detestan, pero a otras les encanta. Algunas veces, las mujeres de las que uno menos se lo espera, se excitan mucho con palabras obsenas: "chúpamelo", "métemelo", "quiero cogerte".

Hay otra forma que es casi tan mala como no hablar en lo absoluto, hablar demasiado. Una mujer dice: "Dios sabe que una no quiere una urraca, alguien que, desde que se desabrocha el primer botón no se calle".

Otra mujer me relató la siguiente anécdota: "Una vez fui a la cama con un periodista y ¡qué desastre! Nos metimos a la cama y de inmediato empezó a hacer un comentario ininterrumpido. Ya sabes, estoy haciendo esto, ahora tú me estás haciendo eso a mí, yo me siento así, tú te debes sentir de esta manera, ahora vamos a hacer esto otro. Sentía que estaba escuchando una radiodifusora. Él no podía dejar que la imagen, lo visual, hablara por sí misma".

Una mujer en Los Ángeles me comentó lo mismo: "Si quisiera un comentario, pediría un programa anticipado, o tendría una relación sexual con alguien del noticiero de las seis de la tarde".

Después del sexo

Aquí es donde las necesidades de la mujer y el desempeño del hombre se encuentran deprimentemente lejos uno del otro. Para muchas mujeres, el lapso inmediatamente después del sexo es la parte crucial de hacer el amor. Una mujer comenta: "Es curioso, nunca estoy realmente segura de que lo he disfrutado sino hasta cinco o diez minutos después del orsgasmo. Ese lapso es el que hace la diferencia. Puede hacer que una relación sexual satisfactoria se vuelva sensacional o que una relación sexual sensacional se vuelva insignificante".

Realmente lo *peor* que puede hacer el hombre inmediatamente después del sexo es darse la vuelta y dormirse sin decir nada. Este es un momento en el que el hablar o decir unas cuantas palabras es *crucial* para el acto de hacer el amor o disfrute de la mujer. Realmente no importa lo que usted diga. La mayoría de las mujeres no busca halagos específicamente (aunque si tiene uno, compártalo por todos motivos). Para la mujer, las cosas importantes en estos primeros minutos después del sexo son la aceptación, calidez, intimidad, e interés. Ella quiere saber que lo que acaba de suceder tiene importancia.

Si tiene sueño, una palabra cariñosa le hace saber a ella que usted está "ahí". Si está despierto, la intimidad del sexo contribuye al estado de ánimo para la intimidad emocional, para abrirse y confiar uno en el otro, para hablar sobre recuerdos de la niñez, incidentes del pasado, problemas, chistes, lo que se le ocurra en esa corriente abierta de conciencia después del sexo.

Lo único sobre lo que usted *no* debe hablar inmediatamente después del sexo es sobre problemas relativos al mismo. Si quiere tratar algún tema sexual, espere y menciónelo fuera del contexto sexual; durante el día, al almorzar, cuando se dirigen al cine, en cualquier momento cuando el tema del sexo no sea tan amenazante. Una mujer de New Haven, afirma: "Si hay una cosa que detesto, es el análisis intantáneo después del sexo. Durante cierto tiempo tuve relaciones con alguien que regularmente daba un *post mortem* después de cada relación sexual. Hasta les daba ese nombre: Post Mortem. Solía decir, 'hagamos un post mortem sobre eso' y después procedía a hablar sobre lo que habíamos hecho bien bien y lo que había estado mal; me hacía enloquecer".

"El hablar no es sólo hablar", dijo una mujer que entrevisté y quien es el sueño de percepción de muchos hombres. Fue modelo y actualmente es ejecutiva en una prestigiada agencia publicitaria. Cuando empezamos a charlar sobre el hablar, dijo casi religiosamente: "El hablar es un *lubricante*. Suaviza el camino para todo: seducción, estimulación, juego preliminar, hasta fantasía. La conversación hace que a una le guste el hombre más fácilmente, el hablar durante la seducción hace que resulte amarlo más fácil, el hablar sobre el amor hace que el sexo sea más fácil. Yo no creo que pudiera hacerlo sin hablar, si la sensación que obtengo cuando el hombre me confía algo íntimo".

8

TECNICA

¿Sabes lo que realmente diferencia a los hombres de los niños? La cama. Los niños son los que saltan a la cama e intentan probar algo. Quieren demostrar que se les para, que les dura, todas esas cosas de adolescentes que aprenden en las revistas masculinas y en las películas pornográficas. Los hombres son distintos. No tratan de probar nada. Todo sucede en forma muy natural.

—Una escritora publicitaria.

Así es que olvídese del desempeño. Trate de olvidar la imagen del *playboy*, del Casanova, del "matador con las mujeres" que los publicistas mantienen viva al tratar de venderle desde *jeans* de marca hasta jabón desodorante. En la cama, con la mujer que realmente le interesa a usted, esta imagen únicamente hará que las cosas sean más difíciles y menos exitosas.

Una mujer puede saber inmediatamente si está tratando de satisfacer *sus propias* necesidades en vez de las *de ella*. Una modelo de Nueva York, comenta: "Le hablaré con sinceridad, detesto ir a la cama con un hombre que se considere galán a sí mismo. Una lo observa y es como si él estuviera actuando enfrente de un espejo. Hace todo para complacerse a sí mismo, no para complacerme a mí. Acróbatas, el coito como deporte, todo eso es una broma, sólo tratar de presumir".

Naturalmente, el "querer actuar" no sólo hará que la mujer se enfríe, sino también es probable que *usted* se enfríe. Si va a la cama pensando que tiene que probar algo a un público invisible, tiene un verdadero problema. La mujer siente que ella sólo juega un papel pequeño y usted siente que está en Broadway en la noche de estreno, con un teatro lleno de críticos. Este tipo de presión es suficiente para que la mayoría de los hombres queden fláccidos durante días.

No es únicamente el hecho de que esté tratando de probar algo lo que enfría a una mujer en la cama. A menudo, también es el *qué* trata de probar. A la mayoría de las mujeres no les gusta que el sexo sea "rápido, frecuente y enloquecedor". Sino justamente lo contrario. El hacer el amor debe ser lento, especial, y sensible. Una mujer dice: "El sexo, para ser adecuado, es cuando todo se integra: la atracción, el interés, el tocar, el compartir. Cuando todo está ahí... ¡Cielos!"

Cuando el sexo es adecuado, el acto es completo. Es una persona completa que se une a otra persona completa y crean una unión total. Es ternura, interés, comunicación, autoridad, confianza en sí mismo, y respeto mutuo. Usted nunca debe contentarse con el sexo como sólo una gratificación física. Las mujeres rara vez se contentan con sólo esto. Tiene que ser un compromiso mayor, ya sea para una noche o para toda la vida. En realidad únicamente se puede hacer el amor a una mujer cuando ambos están completamente involucrados.

El sexo es, por lo menos en parte, una habilidad (De hecho, considero que *arte* es un término más adecuado). Es útil dominar las técnicas implicadas y practicarlas. No importa qué tan totalmente comprometido esté con una mujer, la torpeza en la cama puede ser un obstáculo para hacer el amor. A continuación enumero algunas de las técnicas que mencionaron con más frecuencia las mujeres a quienes entrevisté.

Masturbación y sexo oral

Una abogada de San Francisco me dijo: "Me gusta el coito, sin embargo, lo que realmente me gusta es cuando él me acaricia con los dedos o con la lengua. Es muy placentero en muchas formas. Ayuda a que una se relaje, es psicológicamente confortante, ayuda a lubricar la vagina, y es útil para enfocar las áreas cruciales, especialmente el clítoris. Muchos hombres piensan que lo único que les importa a las mujeres es el tiempo que él mantenga la erección durante el coito. Si el hombre realmente sabe cómo usar los dedos y la lengua, yo casi estaría dispuesta a renunciar por completo al coito".

Nuestra cultura enfatiza tanto la penetración, que la mayoría de los hombres no está consciente de que *no* es la mejor forma de hacer que una mujer tenga un orgasmo. La mayoría de las mujeres requiere estimulación del clítoris para lograr el orgasmo, y la penetración, independientemente de la posición, no es la mejor forma de estimular el clítoris. Los dedos y la lengua son instrumentos mucho más efectivos: pueden ser dirigidos con más precisión y controlados de una manera más completa.

Las estadísticas lo comprueban. De acuerdo con un reciente estudio realizado por dos clínicas de Michigan, Dana Wilcox y Ruth Hager, únicamente el 41.5% de las mujeres tienen regularmente un orgasmo sólo con penetración. *El Informe Hite Sobre Sexualidad Femenina,* un estudio a nivel nacional que realizó Shere Hite en 1976, fue aún menos optimista con respecto a la efectividad de la penetración, Hite reportó que únicamente el 30 por ciento de las mujeres puede lograr el orgasmo con la penetración. Hite también informó que los orgasmos logrados durante el coito son "leves", "con menores palpitaciones", y "más suaves" que los orgasmos logrados durante la masturbación, sexo oral, o algún otro método diferente al coito.

Masturbación mutua

Si bien la mayoría de la gente considera que la masturbación es algo que uno se hace a sí mismo, también es un instrumento sumamente efectivo para satisfacer a la pareja sexual. Empiece por tocar todo el cuerpo: los senos, pezones, estómago, ombligo, hueso pélvico, parte interior de los muslos, por todas partes. Sólo una vez que el cuerpo esté relajado, empieza usted a dirigirse al área vaginal. La parte más sensible de la vagina es, naturalmente, el clítoris. Sin embargo, justo por esta razón quizás no deba enfocarlo primero. Empiece frotando los labios interiores de cualquiera de los dos lados. También puede tratar de hacer movimientos circulares alrededor del mismo. Una tercera forma de estimular el clítoris indirectamente, es mover los dedos adentro de los labios internos en el área justo abajo del clítoris, de manera tal que la sensación se extienda al clítoris mismo. Toda esta actividad deberá lubricarlo y prepararlo para una estimulación más directa.

Si no hay una lubricación natural suficiente (no existen glándulas lubricantes inmediatamente adyacentes al clítoris; la lubricación debe llegar al clítoris desde la vagina misma), considere usar saliva. El acto de tomar saliva de su boca y hacer presión con ella contra el clítoris, excita a muchas mujeres. O también puede usar una loción o jalea sin aroma. Las lociones con aroma pueden hacer que arda el tejido sensible. El petrolatum o vaselina es difícil de lavar, pero dura más tiempo que la jalea K-Y.

Sexo oral

Si hay algo de lo que las mujeres desean considerablemente más en la cama, es sexo oral. De hecho, aunque usted no esté consciente de esto, el sexo oral está sumamente diseminado en este país y las mujeres lo realizan con la misma frecuencia que los hombres. La encuesta de Redbook de 1975, descubrió que el sexo oral es practicado por 9 de cada 10 mujeres menores de 40 años y por 8 de cada 10 de 40 años o mayores. Además, hubo poca diferencia entre el número de mujeres que realizan el felatorismo y el número de hombres que realizan cunilingue. De todas las mujeres entre 20 y 39 años el 91 por ciento han realizado sexo oral, tanto activa como pasivamente.

Una amiga modelo me contó: "Yo siempre logro los mejores orgasmos con sexo oral; las sensaciones son mucho más intensas, mucho más controladas. Siento como si mi amante no únicamente quiere cogerme, sino que realmente existe una intimidad". En mi experiencia, la mayoría de las mujeres quiere y espera que los hombres realicen cunilingue, aun si no quieren realizar felatorismo a cambio.

El problema estriba en que no muchos hombres saben cómo realizar el mismo. Más de la mitad de aquellos que interrogué, hasta los muy sexualmente activos, admitieron que el cunilingue los hace sentir incómodos. Uno de ellos se refirió al mismo como "un trabajo ingrato, como comerte una alcachofa".

Hasta los hombres que saben cómo realizar el cunilingue, a menudo lo hacen por las razones aquivocadas. Un trabajador en el área de la construcción en Columbus afirma: "Por supuesto, yo le hago el cunilingue a la mujer; se lo hago a ella, después ella me lo hace a mí". Si usted piensa esto sobre el sexo oral, quizá sea necesario que reconsidere.

¿Por qué algunos hombres se muestran tan renuentes cuando se trata del sexo oral? ¿Qué es lo que encuentran tan desagradable? Una amiga dice: "La gente siempre habla de cómo a las mujeres no les gusta realizar el felatorismo; sin embargo, creo que la situación es a la inversa: es a los hombres a los que les cuesta trabajo el sexo oral, y no saben qué hacer al respecto".

El temor básico del hombre con respecto al cunilingue es que los jugos vaginales tengan un olor o sabor desagradables. Y, de hecho, al igual que la eyaculación de algunos hombres tiene un sabor más amargo que la de otros, los jugos de algunas mujeres son más fuertes que otros. Un amigo de Chicago dice: "El sabor de una mujer, su olor, puede ser la máxima excitación, pero si el sabor u olor es demasiado fuerte, se puede convertir en algo que realmente me enfría. Todo depende de cómo sea".

Los olores son un problema psicológico tanto para la mujer como para el hombre. Un hombre joven de Nueva York opina: "Yo creo que muchas de las mujeres son demasiado sensibles en cuanto al sexo oral, particularmente si el hombre quiere realizar conilingue. De alguna manera sienten que es algo sucio, o que realmente no es placentero para él, aun si el hombre piensa que el sexo de la mujer es lo más excitante del mundo".

Muchas mujeres no equiparan el sexo oral con el hombre al sexo oral con la mujer. No consideran que sea lo mismo. Por lo tanto, no sienten que sea justo pedirle al hombre que realice cunilingue a cambio de felatorismo. Los hombres piensan que la mujer se siente incómoda y por lo tanto esperan a que ella lo pida. Sin embargo, la mujer no lo pide, en parte porque no le gusta iniciar esta actividad sexual en particular, y en parte porque piensa que el hombre encuentra el cunilingue desagradable. En consecuencia, depende del hombre reafirmarle que de hecho *desea* realizarlo, que lo hace tanto para él como para ella.

Si nunca ha realizado sexo oral, se está perdiendo de uno de los placeres del sexo. Si es delicado, tome las cosas con calma. Puede cerciorarse de que ella esté limpia sugiriendo que tomen un baño juntos, antes de ir a la cama. Después se da un paso a la vez. Es importante que no empiece con una amante nueva. Es mucho mejor intentarlo por primera vez con alguien con quien esté cómodo. E igualmente importante, con alguien que se sienta cómoda si usted realiza sexo oral. Un profesor de Harvard, que estudia las normas sexuales modernas expresa: "El cunilingue se encuentra en donde se encontraba el beso en el siglo pasado, muchas mujeres se resisten al mismo a menos de que la pareja sea la adecuada".

El realizar el sexo oral adecuadamente, no es algo fácil para muchos hombres. Tratan de dar placer a una parte del cuerpo de la mujer que casi no conocen (independientemente de las comparaciones que se hagan entre el clítoris y el pene). Un hombre con bastante experiencia sexual dice: "Ese es un teritorio virgen, no importa con qué frecuencia se haya realizado, cada mujer tiene una constitución distinta y reacciona de manera diferente. El hacer la misma cosa puede provocar que una mujer escale la pared, otra se sienta incómoda, y que una tercera se duerma".

Como usted no puede saber con certeza qué es lo que le va a gustar a ella y qué no, tiene que prestar mucha atención a las reacciones de la mujer. Empiece con suavidad y busque la respuesta adecuada. Si ella lo disfruta, responderá. Se acelerará su respiración, hará presión, impulsará el cuerpo hacia usted, alentándolo para que continúe. Al excitarse ella, el impulso puede volverse más rápido y acelerado. Tenga cuidado de no ir demasiado lejos o de ejercer demasiada presión. Coordine los movimientos de la lengua de acuerdo con el ritmo de los impulsos de ella.

Una mujer que trabaja en una agencia publicitaria de Nueva York comenta: "El sexo oral es como el coito. Es necesario armonizar los cuerpos, armonizar los movimientos, para intensificar la sensación de que los dos cuerpos forman uno solo".

Hay algunas lecciones que *puede* aprender del felatorismo. Es importante que lo haga con suavidad. Los dientes pueden lastimarla a ella al igual que lo lastiman a usted o quizá más. También es importante que varíe la actividad. Bese generosamente. Chupe con suavidad, y use la lengua con inventiva: lama, friccione, frote.

Empiece por darle besos suaves en los muslos, dirigiéndose lenta pero firmemente hacia el área genital. Si bien el clítoris es la meta principal, no se concentre en él al principio, ya que esto puede ser irritante y hasta doloroso. Bese toda el área vaginal, dando atención especial a los labios.

Debe abordar el clítoris únicamente cuando la vagina esté húmeda. Cerciórese de dar por lo menos la misma atención a la vaina del clítoris como al clítoris mismo. Si el clítoris sigue estando sensible, el abordarlo indirectamente lamiendo la vaina del clítoris es una forma de evitar o infringir dolor al intentar dar placer. La fricción de la lengua hará que algunas mujeres lleguen al orgasmo mucho antes de que el pene haya entrado a la escena, algo que muchas de ellas encuentran más intenso.

Si se siente nervioso en cuanto a realizar cunilingue por primera vez, busque a la compañera y noche adecuadas, después intente esto: humedezca sus dedos con los jugos vaginales de ella, extiéndalos suavemente sobre los labios de ella y los de usted, después bésense. Esto sólo, la combinación del aroma y del sabor, muy pronto puede llevarlos más cerca de la fuente.

Si bien la lengua juega el papel central en el sexo oral, no hay razón por la que no se empleen también las manos. Usted puede frotar el clítoris al mismo tiempo que besa los muslos de ella, o darle un masaje a los muslos mientras acaricia el clítoris con la lengua. Una mujer me confió que ella entra casi en delirio cuando su amante le inserta los dedos en la vagina, después frota la humedad en el clítoris, y estimula el clítoris con la lengua a medida que inserta nuevamente los dedos en la vagina.

Posiciones

Ya es hora de que alguien diga algo en defensa de la "posición de misionero". Durante demasiado tiempo, la gente la ha denigrado como una posición falta de imaginación, aburrida, anticuada, y hasta sexista. Yo pienso que es aún la posición clásica porque sigue siendo la más satifactoria tanto para el hombre como para la mujer.

La "posición de misionero" originalmente fue un término de mofa. Los nativos de Polinesia, quienes tradicionalmente hacían el amor en cuclillas, lo ampliaron para describir lo que ellos consideraban un método sumamente divertido empleado por los misioneros occidentales. El doctor Merle Kroop del New York Hospital-Cornell Medical Center, comenta: "Tiene mala fama y se considera seria, convencional y aburrida, pero realmente es una buena posición, con mucha flexibilidad. Algunas mujeres, así como algunos hombres, no pueden llegar al orgasmo en ninguna otra posición".

Sí, existen ciertas desventajas en cuanto a ella. Primero, si la pareja limita el coito a la posición de misionero, no tiene la oportunidad de alternar la toma de iniciativa al hacer el amor. Si la mujer es ligera y el hombre pesado, esta posición puede ser físicamente muy incómoda para la mujer. Y, naturalmente, esta posición proporciona una estimulación muy limitada del clítoris.

Sin embargo, a pesar de sus desventajes, la posición de misionero tiene muchos aspectos que la recomiendan. Muchos hombres prefieren los orgasmos que tienen en esta posición porque pueden lograr el mejor control en cuanto a la profundidad y ritmo del impulso. Si la pareja desea procrear, esta posición es particularmente conducente a la concepción. Los médicos recomiendan la posición de misionero con base en que permite el mayor contacto del semen con la mucosa cervical. Debido a que la posición de misionero es tradicionalmente la preferida, ya que reafirma los papeles sexuales aceptados, también es muy tranquilizante psicológicamente. El doctor Kroop agrega que es una "posición muy íntima. Hay mucho contacto de cara a cara y de torso a torso. Es una de las pocas posiciones en las que la pareja realmente puede abrazarse, besarse, hablar, y sentir el cuerpo del otro".

Esta posición realmente permite un alto grado de penetración, ya que la mujer puede regular el grado de penetración al levantar o bajar las piernas. El doctor Kroop, agrega: "Puede haber una inserción cómoda con las piernas de la mujer hacia abajo, aun cuando la mujer no esté totalmente excitada y la vagina no se haya 'inflado' todavía. A medida que ella se excita más y la vagina se expande, ella puede levantar las rodillas para una penetración más profunda".

La mujer boca abajo

No confunda esta posición con el coito anal. La mujer descansa sobre el estómago y usted penetra la vagina desde atrás. Si bien a algunas mujeres les encanta esta posición, a otras no les gusta porque no pueden verle la cara a la pareja; se pierde la intimidad visual. Asimismo, limita las caricias de ella durante el coito.

Sin embargo, muchas mujeres encuentran irresistibles los placeres de esta posición. Una de las razones es que permite que usted empiece con un masaje en la espalda. Aún más importante, puede penetrar con más profundidad y firmeza que en la posición de misionero. También libera sus manos durante el coito para estimular el clítoris. La combinación de impulsos pélvicos vigorosos y de caricias suaves con los dedos hace que muchas mujeres lleguen al éxtasis de orgasmos repetidos. Al hacer el amor, el poder dar este tipo de placer compensa cualquier cosa de la que usted se pierda, porque ella no puede hacerle nada en cambio.

La mujer encima

Muchos hombres y mujeres se resisten a la posición de la mujer encima porque piensan que es "poco masculino" para el hombre. Al hacer esto, no únicamente muestran su ignorancia, sino que también se pierden de un instrumento clave en el arte de hacer el amor en una forma cálida y variada. Antes que nada, eliminemos los mitos masculinos que rodean a esta posición.

La sexualidad del hombre no depende (o no debería depender) de algo tan arbitrario como quién esté encima de quién. Una azafata de Nueva York comenta: "A algunos hombres les molesta que yo esté encima. Piensan que los hace menos masculinos, o algo así. De todas las ideas tontas, absurdas que he oído de los hombres y del tema del sexo, esta es la más tonta".

De hecho, para cualquier hombre que realmente quiera darle placer a una mujer, esta posición forma parte esencial de hacer el amor. Una de las razones es que le permite a la mujer determinar el ritmo al hacer el amor, lo cual a menudo constituye una diferencia vital para ella. También hace que la vagina se abra más para permitir una penetración más profunda. Libera sus manos para acariciar el cuerpo de ella y, especialmente los senos. Asimismo, como la mujer se encuentra encima, ella puede regular la profundidad, firmeza, y frecuencia de la penetración. Esto puede ser excitante no sólo para la mujer, sino también puede reafirmarla ya que ella tiene el control.

De acuerdo con la doctora Debora Phillips, otra ventaja de la posición de la mujer encima, es que aumenta tanto la estimulación del clítoris durante el coito como las posibilidades de estimulación manual complementaria del mismo. Esta posición también es mucho más satisfactoria cuando el hombre pesa mucho más que la mujer. Sin embargo, la ventaja final es la psicológica. Libera al hombre de la responsabilidad. Puede descansar y disfrutar del acto. Algunas mujeres se quejan de que la posición de la mujer encima hace que se sientan incómodas porque todo su cuerpo queda al descubierto. Usted puede ayudar a eliminar esta incomodidad inicial sencillamente cerrando los ojos las primeras veces.

Si la mujer se resiste a tomar la posición superior, hágale saber que por lo menos el 75 por ciento de todos los norteamericanos en la actualidad realizan la posición de la mujer encima por lo menos algunas veces. Un estudio realizado por Sandra Kahan, terapeuta sexual de Chicago, observa que la mayoría de los hombres como de las mujeres, encuentra la posición de la mujer encima más sexualmente excitante que la posición de misionero. Encontró que este era el caso a pesar del hecho de que la mayoría de los que respondieron al estudio suponían que se encontraba en la minoría.

La mujer a horcajadas

En la posición de la mujer a horcajadas, una variación de la mujer encima, ella *se sienta* o *se arrodilla* con las piernas a horcajadas de la cadera de usted. Nuevamente, la verdadera ventaja para la mujer es que *ella* tiene control sobre el grado y profundidad de la penetración, aún más que en la posición de la mujer encima.

Sin embargo, también hay placeres para usted. Debido a que esta posición permite que los dos vean el cuerpo del otro durante el coito, muchas mujeres consideran que es la posición más visualmente erótica. La misma azafata dice: "El sentarse y verlo extendido enfrente de una, frotar su torso o acariciarle el cabello, frotar los senos contra su cara, mientras todo el tiempo lo estoy sintiendo dentro de mí. Te lo diré, es el mejor sexo que he tenido en mi vida".

Si usted hace el amor con la misma mujer frecuentemente, pronto desarrollará sus propias posiciones favo-

ritas. Su elección quizá estará dictada en cierto grado
por las peculiaridades de la anatomía de ella y de la
suya. Cuanto más cerca se encuentre el clítoris a la entrada de la vagina, se pueden emplear más posiciones;
cuanto más lejos, están más limitados. La posición ideal
es la que acomode el pene cómodamente en la vagina
y que también permita la máxima estimulación del
clítoris.

Un joven dramaturgo de Nueva York afirma: "El
cuerpo del hombre encaja de una manera distinta con
el cuerpo de cada mujer. Hace unos años, tuve una
novia y hacíamos el amor como si estuviéramos en una silla de montar. Las piernas de ella estaban sobre mí, y
yo tocaba su clítoris mientras estaba dentro de ella; era
maravilloso. Así era como mejor encajábamos. Nunca
fue lo mismo con otra mujer. Una vez que uno ha hecho
el amor varias veces, encontrará una posición distinta,
siempre y cuando esté dispuesto a experimentar".

El después

"El después" es igualmente parte del hacer el amor
como el juego preliminar constituye parte de la excitación. Las mujeres, unánimemente, consideran que ambos tienen la misma importancia.

Una abogada de Kansas City, afirma: "La mayoría
de los hombres son buenos para el juego preliminar, han
aprendido que no deben saltar de inmediato al acto. Lo
que la mayoría no parece entender es que no debe saltar
fuera del acto. Deben brindar su apoyo cuando se haya
terminado. No hay nada que me enoje, o me lastime
más, que el hombre que se duerme profundamente en
el momento en el que se retira".

La exquisita sensación de alivio que viene con el
orgasmo, en muchas personas es seguida por una sensación de aislamiento y soledad. Cuando llega esa sen-

sación, la mayoría de los hombres están demasiado ago-
tados para realmente notarla y lo que ansían es dormir.
Por otra parte, la mayoría de las mujeres están completamente relajadas.

Las mujeres tienen una gran necesidad de reafirma-
ción. Quieren que se les exprese con gestos y palabras
los mismos sentimientos de calidez y compartir que le
acaba de expresar en el acto de amor. Si está verdaderamente agotado debido a la acumulación y liberación de
tensión en el orgasmo, quizás tenga que hacer un esfuerzo especial para darle a ella la atención que tanto necesita.

Una mujer de San Francisco, opina: "Me enfurece,
me dan ganas de preguntarle: "Te gustaría que yo me
saliera de la habitación en el momento en que tengo un
orgasmo? Lo que a mí me encanta es prender la lámpara
del buró, abrazarnos y comer algo muy dulce como pas-
tel de chocolate".

Otra mujer agrega: "Yo te puedo decir lo importante
que es, lo que constituye la diferencia final entre un
acto físico, y el acto de amor".

Como hacerle el amor a una virgen

En la actualidad no todos los hombres se encuentran
en la posición de hacerle el amor a una virgen. Un hombre preguntó: "¿Qué es una virgen? ¡Nunca he conocido
una!" los hombres que se encuentran en esta posición
deben darse cuenta de que puede ser un placer raro, pero
a la vez un placer que conlleva responsabilidades importantes.

La primera vez que una persona hace el amor, ya sea
hombre o mujer, es un acontecimiento particularmente
importante en lo emocional. Quizás sea un recuerdo que
dure toda la vida, e indudablemente matizará los sentimientos de la persona en cuanto a la intimidad física durante muchos años después. Esto es especialmente cierto

en el caso de una mujer. La primera vez puede ser traumática para el hombre, pero para la mujer, puede ser muy dolorosa tanto psicológica como físicamente. El hombre que le haga el amor la primera vez, puede ponerla en el camino de una vida sexual satisfactoria, o la puede llenar de todo tipo de temores y angustias sexuales.

Un amigo mío dice tímidamente: "Las he contado, y, lo creas o no, he hecho el amor a nueve vírgenes, creo que me debe atraer esta situación. Me invade una sensación de querer protegerla. Me imagino que realmente quiero ser el que haga ese acontecimiento importante, cálido y bueno para ella".

Si una mujer se siente ansiosa con respecto a hacer el amor con un hombre por primera vez; en particular, si es la primera vez con cualquier hombre, la mejor forma de hacerla sentirse cómoda es haciéndola reír.

Una mujer relató: "Antes de que hiciera el amor con Juan la primera vez, estaba realmente asustada; quiero decir, realmente me gustaba él pero tenía mucho miedo. Casi no quería hacerlo. Una noche, después de ver una película, fuimos a su departamento. Él tenía muchos cojines sobre el sofá, y empezamos una guerra, las peleas con cojines no son algo que yo haga todos los días. Pronto estábamos muertos de risa. Entonces empezamos a besarnos y a tocarnos, y todo fue muy fácil".

Si usted se encuentra haciéndole el amor a una mujer por primera vez, recuérdese a sí mismo lo importante que esta ocasión es para ella. Este es el momento en el que más que nunca debe poner a un lado sus propios intereses y necesidades sexuales y concentrarse totalmente en satisfacerla a ella, tanto física como emocionalmente. Por desgracia, para muchas mujeres, el dolor será mayor a la satisfacción física, pero esta no es una razón por la que usted no pueda darle la satisfacción emocional que merece y necesita.

El rompimiento del himen es el acontecimiento clave. En la actualidad, en algunas partes de Italia todavía se cuelgan de la ventana las sábanas maritales para probar que la virginidad de la joven novia seguía intacta cuando hizo el juramento. Naturalmente, algunas "vírgenes" ya han perdido el himen durante los deportes, la masturbación, o exámenes ginecológicos. De no ser así, el romperlo puede ser doloroso, aun cuando el nivel de dolor varía considerablemente.

Empiece con un juego preliminar, tanto como sea posible, con el fin de relajar su cuerpo y hacerla sentirse mentalmente cómoda. La lubricación es también especialmente importante (ya sea lubricación oral, vaselina o petrolatum). Proceda lentamente con la penetración, acompáñela en todo momento de expresiones de amor y aliento. En la mayoría de los casos, cuando finalmente se llega al himen, un impulso rápido dolerá menos que la presión prolongada.

Inmediatamente reafírmele que se ha terminado el dolor. Dígale: "Tenemos mucho tiempo ante nosotros" o "va a ser mejor de lo que soñaste".

Proceda lentamente y con afecto. Dedique una atención especial al momento después del sexo. Todas las mujeres necesitan sentirse seguras, que se les demuestre lo importante que son, cuando el acto de amor ha llegado a su fin. Sin embargo, en ningún otro momento es más cierto que cuando la mujer hace el amor en forma total por primera vez.

Sobre todo, la virgen necesita seguridad. Mucho más que la mayoría de las mujeres, necesita sentir que el sexo surgió de la calidez y del afecto, no de un instinto primario. Por lo tanto, haga planes para volver a verla, tan pronto como sea posible después de hacer el amor por primera vez. Si espera demasiado tiempo ella puede pensar que la ha rechazado porque ella se "comprometió". En otras palabras, no le haga el amor a una virgen a menos de que sienta que quiere volver a hacérselo otra vez.

9

LA "O" MAYUSCULA

Nancy se divorció de su primer marido, Ted, unos cuantos años después de terminar la carrera de leyes y llevaba frecuentando a un arquitecto, durante casi un año cuando la conocí. No habíamos hablado durante mucho tiempo, cuando ella mencionó el tema del sexo. Evidentemente lo tenía en la mente.

—¿Cómo van las cosas? —le pregunté.

—Bien. Kevin y yo nos vemos unas tres veces a la semana. Después de Ted, él me parece tan considerado. Es sensacional para mi ego.

Hubo algo en la forma en la que dijo "bien" que hizo inevitable la siguiente pregunta.

—¿Y cómo va el sexo?

Ella sólo sonrió.

—¿Van bien?

—Bastante bien —volvió a decir nuevamente "bien" en esa forma particular.

—¿Podrías ahondar al respecto?

—No sé. Es sólo que es mucho mejor de lo que era con Ted.

—No vas a dejar la conversación ahí ¿o sí?

—Para decirte la verdad, es algo que me hace enojar.

—¿Qué te hace enojar?

Ella me miró fijamente.

—Tuve mi *primer* orgasmo hace más o menos un mes —me dijo— ¿puedes creerlo? ¿sabes tú lo que eso significa? Estuve casada con Ted durante cuatro años y ni una sola vez tuve un orgasmo. Lo sorprendente es que ni siquiera me di cuenta de que no tenía orgasmos. No fue sino hasta que de hecho tuve uno con Kevin que me di cuenta de realmente cómo se sentía tenerlo y de lo que me había estado perdiendo.

—¿Qué fue lo que cambio? ¿que hace que sea diferente con Kevin?

—No sé. Podrían ser muchas cosas. Kevin me hace sentir a gusto. Es tan sencillo con él. Con Ted, siempre estaba enojada o irritada por algo. Siempre tenía miedo de que no marcharan bien las cosas. Aun cuando andaban bien, era como un concurso. Él era competitivo en todo. Me imagino que era igual para el sexo. Siempre sentía que estaba tratando de mostrarme qué tan bueno era para el sexo. Ahora ya lo sé.

Nancy no se encuentra sola. De acuerdo con el *Informe Hite* únicamente el 52 por ciento de las mujeres sexualmente activas en los Estados Unidos, tienen orgasmos regular y ocasionalmente. Póngase a reflexionar sobre esto durante un minuto. No es el 52 por ciento de todas las mujeres, sino el 52 por ciento de las mujeres *sexualmente activas,* y esto incluye orgasmos logrados por cualquier medio, oral y manual así como genital. De acuerdo con la doctora Lonnie Garfield Barbach, autora de *Por tu felicidad: La plena realización de la sexualidad femenina,** aun a aquellas mujeres que tienen orgasmos, por lo general les cuesta trabajo lograrlo.

Lo trágico es que, de todas estas mujeres que actualmente no experimentan los placeres del orgasmo, únicamente un pequeño porcentaje, los expertos no están totalmente seguros de qué tan pequeño, son clínicamente frígidas. La mayoría son definitivamente *capaces* de llegar al orgasmo.

---

* Publicado en español por Editorial Diana, S.A. (N. del T.)

Lo que esto significa es que nosotros no estamos cumpliendo con nuestra parte. Una gran parte de hacer el amor está siendo mal empleada, o por lo menos monopolizada por los hombres. Esto significa que la mayor parte de las charlas en los vestidores masculinos con respecto a darle a la mujer la "O" mayúscula es sólo eso, charla.

A algunos hombres les cuesta trabajo entender esta lamentable situación. Piensan que las mujeres no necesitan el orgasmo para disfrutar del sexo. Los mismos hombres que no pueden concebir el sexo sin lograr el orgasmo piensan que a las mujeres no les hace falta. Un ganadero de Colorado dice: "El venirse es lo importante para el hombre, pero las mujeres no se vienen, así es que no les importa".

Hasta ciertos doctores, médicos hombres, recientemente han argumentado que la gente le da demasiada importancia al orgasmo femenino. Si bien estos médicos dicen que para ellas el coito es importante, también afirman que para la mujer no hay mucha diferencia entre el estado de excitación y el orgasmo en sí, y, por lo tanto, el estado de excitación es igualmente satisfactorio. Estos médicos admiten que la penetración es importante para la mujer, pero dicen que se debe principalmente a razones psicológicas. El hecho mismo de que las mujeres siguen deseando la penetración, a pesar de que no es un método efectivo para lograr el orgasmo, se ofrece como prueba adicional de que el orgasmo en sí no es importante para ellas.

Muchas mujeres estarían automáticamente en desacuerdo con los "expertos". Una amiga señaló con mucha claridad cuando le formulé esta pregunta "¿Estás loco? Por supuesto que los orgasmos son importantes para la mujer. Cualquier mujer que no piense que el orgasmo es importante es que no lo ha tenido".

Estudios recientes demuestran que el experimentar el orgasmo, y experimentarlo con relativa frecuencia, *sí* es importante para la mayoría de las mujeres. De hecho, a las mujeres parece importarles más la frecuencia con la que hacen el amor que lo especial que sea este acontecimiento. Por ejemplo, un artículo reciente en *Cosmopolitan* sostenía que la frecuencia o *cantidad* de coitos puede ser más importante que la *calidad* de los mismos. La liberación de tensión que proporciona el orgasmo parece contribuir a una relación satisfactoria aun cuando cada acto individual de amor no se maneje como un acontecimiento de primordial importancia.

Un estudio realizado en 1975 señalaba que "para la mayoría de las mujeres, la frecuencia con la que hacen el amor y experimentan el orgasmo, se relaciona directamente con la probabilidad de que reporten un alto grado de satisfacción en su vida sexual marital".

Si la ignorancia es una bendición, entonces muchos hombres viven en un constante estado de euforia cuando se trata del orgasmo femenino. Piensan que la mujer está ahí para maximizar el disfrute sexual del hombre. El disfrute de ella es secundario. El mismo ganadero de Colorado añade comprensivamente: "Es muy bonito cuando ella también obtiene algo que hace que el placer sea mayor".

De hecho, la que tiene el mayor potencial de placer es ella, no usted. El orgasmo del hombre puede venir más rápida y fácilmente, pero es estrictamente un asunto de segunda categoría. El hombre puede tener uno, o dos o tres orgasmos durante una velada de sexo. Cuatro establece cierto tipo de récord.

La mujer puede tener un orgasmo tras otro, tras otro, tras otro. La mayoría de los hombres, cuando oye sobre el milagro de los orgasmos múltiples no lo cree. Una ama de casa de Boston comenta: "Le di a mi marido a leer una historia que apareció en una revista sobre el orgasmo múltiple; se quedó impotente durante una semana. Se metía a la cama y sólo me miraba como si yo fuera de Marte. Creo que quedó terriblemente intimidado".

Sin embargo, pocos hombres y, para el caso, pocas mujeres, comprenden totalmente la naturaleza del orgasmo femenino. Un problema es que uno no puede confiar realmente en las señales externas de la mujer. Como saben que la mayoría de los hombres espera y quiere que ellas tengan un orgasmo, muchas mujeres, solteras y casadas, lo fingen. A través de los siglos, las mujeres han probado ser grandes actrices: gimen, suspiran, jadean, y palpitan para fingir el orgasmo en el momento adecuado.

Algunas no saben si tienen un orgasmo o sólo un alto grado de excitación. El estudio Hite informa que "algunas mujeres que piensan que tienen orgasmos durante el coito, probablemente no los tengan". Como prueba de esto Hite cita algunas de las confusas respuestas de las mujeres interrogadas sobre el tema, por ejemplo, una mujer dijo: "Hay una profunda palpitación en la vagina cuando tengo un orgasmo, pero no siempre he estado segura si era mi orgasmo o la palpitación de mi amante".

Sin embargo, de acuerdo con las mujeres con las que hablé, si una mujer no está segura de haber tenido un orgasmo, definitivamente no lo ha tenido y seguramente *nunca* haya tenido uno. "¿Te das cuenta cuando estornudas?" preguntó una mujer sorprendida cuando le comenté la conclusión de Hite.

Otra mujer agregó: "Por supuesto, al igual que en los hombres, hay de orgasmos a orgasmos. Algunos son como una marea baja, sólo una olita. Otros son como una ola enorme. Los últimos son escasos y poco frecuentes, a menos de que se tenga un amante fabuloso".

En términos generales, el orgasmo de la mujer se puede comparar con el del hombre. El orgasmo masculino por lo general consiste en dos respuestas involuntarias. La primera es una reacción convulsiva de todo el cuerpo, la segunda es la eyaculación. Si bien normalmente se llevan a cabo simultáneamente, cada una puede suceder sin que ocurra la otra. El hombre puede tener un espasmo corporal involuntario sin eyaculación, o eyaculación sin el espasmo.

También en la mujer el orgasmo consiste en dos partes: una reacción convulsiva involuntaria similar al espasmo del hombre, y una contracción de los músculos que rodean la vagina, que se denominan músculo pubococcideoideo, o músculo PC. Se puede sentir la contracción si se inserta el dedo en la vagina o en el ano en el momento del clímax.

De hecho, suceden todo tipo de cosas diferentes al cuerpo de la mujer entre la excitación y el orgasmo. La sangre empieza a acumularse en el área pélvica; la vagina empieza a lubricarse; los labios externos, los labios internos y el clítoris se agrandan (algunas veces también los senos); los pezones se endurecen; y las aureolas o parte obscura que los rodean, empiezan a hincharse.

Entonces la vagina se contrae; la respiración se acelera; el pulso aumenta; la presión sanguínea aumenta (algunas veces el cuello, cara, hombros, y senos parecen ruborizarse); los músculos de la cara, manos y pies empiezan a tensarse; y finalmente, la única señal segura, los labios vaginales internos cambian de color de un rosa claro a un rojo brillante.

Es en este momento que ocurre el orgasmo. La tensión muscular llega a la cima; la presión sanguínea, el pulso, y el ritmo respiratorio siguen aumentando; el tejido se engulle aún más; el tercio externo de la vagina se contrae rítmicamente más o menos cada segundo durante un breve lapso; los músculos uterinos, y algunas veces también el músculo del esfínter anal, se contrae, la sangre que ha ido al área pélvica se libera creando una sensación cálida por todo el cuerpo.

Después del orgasmo, disminuye la hinchazón de las aureolas, dejando los pezones aún más erectos; el cuerpo transpira ligeramente; los músculos se relajan aún más; y el útero y el clítoris regresan a la posición de descanso anterior al coito. Todo lo que queda es quizás un pequeño cosquilleo agradable en el clítoris.

Algunas de estas señales del orgasmo son difíciles de detectar. Otras son más obvias. Les pregunté a muchos hombres cómo sabían cuando una mujer había tenido un orgasmo. La dificultad, me dijo uno de ellos es que "existen varios síntomas físicos, se enrojece el torso, transpira, los pezones se ponen erectos, pero no todos los síntomas aparecen siempre en todas las mujeres".

Un médico practicante aseguró: "existe un sencillo método orgánico para detectar el orgasmo en la mujer: observo la parte superior del pecho, alrededor de la clavícula, hay un aspecto de carne de gallina ruborizada. Naturalmente, existen problemas al respecto. Si ella acaba de regresar de la playa, puede conservar un rubor durante días. Y si las luces están apagadas, es imposible ver".

Otro hombre agregó: "Es difícil saberlo cuando uno está adentro, pero con los dedos, sí puedo saberlo porque el clítoris parece desaparecer, y los labios se hinchan y hay contracciones".

Un abogado de Nueva York dice: "Yo escucho el ritmo de sus gemidos, sus ohs, y sus ahs, si son muy similares y regulares y después son marcados por una sola variación, seguramente no tuvo un orgasmo en realidad. Estaba pensando en algo que sucedió en la oficina ayer y de repente se acordó que estaba en la cama con alguien.

"También, si se ponen muy efusivas, y empieza a decir algo como 'oh querido, eso fue maravilloso', y después le pide que se venga y que terminen, es bastante seguro que su orgasmo se basó en el deseo, en el deseo de que usted se retirara de ella tan pronto como fuera posible".

Si no está seguro de que su esposa o amante está llegando al orgasmo, quizás deba hablarlo con ella. Úni-

camente no mencione el tema en la cama; de hecho,
quizás sea mejor no tratar el tema directamente. Inicie
una conversación sobre el orgasmo femenino o sobre los
orgasmos en general, o trate de que *ella* saque el tema a
colación.

Evidentemente, este tema es potencialmente muy
incómodo. Una mujer afirmó: "Las mujeres fingen por
compasión a los hombres. El admitir que usted no ha
tenido un orgasmo, es decirle al hombre que él no es
capaz de provocarle uno. Las mujeres piensan que los
hombres no pueden manejar la verdad. El hombre tiene
que tener el valor de hacer la siguiente pregunta: ¿estás
teniendo un orgasmo?"

Cómo ayudarle a la mujer a llegar al orgasmo

¿Qué puede hacer si ella no parece llegar al orgasmo?
¿por qué tan pocas mujeres realizan su potencial sexual? ¿por qué tanto hombres son incapaces de dar a la
mujer una satisfacción sexual completa? ¿por qué la "O"
mayúsculas es tan evasiva" y, sobre todo, ¿qué es lo que
se puede hacer si su esposa o amante sigue con dificul-
tades para llegar al orgasmo?

Lo que dijo Nancy al principio de este capítulo dio
en el clavo. Tres décadas de estudios psicológicos han
confirmado que la angustia y temor más que cualquier
otro factor, son los que evitan que la mujer tenga uno.

Por lo tanto, es esencial que ella esté relajada. Si
está incómoda o ansiosa, por cualquier motivo, las pro-
babilidades de que llegue al orgasmo son pocas. Esta es
la razón por la cual la mayoría de las mujeres a las
que les cuesta trabajo llegar al orgasmo por lo general lo
logran por primera vez en una relación duradera en
la que se sienten totalmente seguras y la razón por la
cual la mayoría de las mujeres que tiene orgasmos con
regularidad, lo logra con maridos o amantes con los que

tienen una relación continua. Si la mujer se siente insegura con el hombre, o si tiene cualquier temor, ya sea consciente o no, de ser abandonada, a menudo no puede relajarse lo suficiente para llegar al orgasmo.

Naturalmente, la mejor forma de ayudarle a la mujer a relajarse es prodigándole tiempo y afecto. Una de las razones por las cuales le lleva a la mujer más tiempo llegar al orgasmo, es porque no puede relajarse sin una intimidad física constante y prolongada. Si la mujer no tiene orgasmos, pase más tiempo en la cama con ella. Dedique tanto tiempo como sea posible al juego preliminar y al coito mismo.

Recuerde, para que la mayoría de las mujeres llegue al orgasmo, tiene que ser estimulado el clítoris y no la vagina. De hecho, las dos terceras partes interiores de la vagina son tan insensibles que se puede realizar cirugía menor ahí sin ningún anestésico. Sin embargo, si la mayor parte de la vagina es prácticamente insensible, vale la pena repetir que el clítoris es a menudo demasiado sensible. Abórdelo indirectamente al principio y siempre con cuidado.

También recuerde que la mayoría de las mujeres llega al orgasmo más fácilmente a través de estimulación manual y oral que a través de estimulación genital. Por lo tanto, concéntrese primero en estimular la vaina del clítoris con los dedos y la lengua. Especialmente al principio, pueden limitarse a la posición de la mujer arriba con el fin de darle a ella un máximo de control en cuanto a la profundidad y ritmo de la penetración. También es importante mantener la estimulación tanto tiempo como sea posible. Aprenda a conservar la erección durante 15 ó 20 minutos o más tiempo (ver capítulo 13, "Terapia Sexual"), o alterne entre coito genital y estimulación manual y oral del clítoris.

Lo más importante de todo es: no permita que ella llegue al final de la estimulación demasiado pronto. Muchas mujeres están tan conscientes de los sentimientos del hombre que después de 10 ó 20 minutos fingen un orgasmo, especialmente si el hombre ya se ha venido. Un hombre que conozco pudo hacer que una mujer llegara al orgasmo por primera vez en su vida sencillamente ignorando los gemidos y suspiros de placer y persistiendo hasta que ella realmente llegó al mismo.

Un importante terapeuta recomienda: "Tómese su tiempo. Relájese. Hasta deténgase. Háblele. Juegue con ella. No trate de ser un semental. Quiérala. A la larga todo se integrará". Una mujer a la que entrevisté opinó prácticamente lo mismo: "¿Qué hace que llegue yo al orgasmo? El tocar. Besar. Acariciar. Lamer. Ayuda mucho que él lo haga durante mucho tiempo. Si él está dispuesto a hacerlo y a detenerse, y a abrazarnos un rato y después volver a hacerlo".

Otra mujer agregó: "El estar dispuestos a jugar. Si los dos llegan al clímax rápidamente, maravilloso. De no ser así, él debe tocar y retirarse y dejar hasta que uno esté tan excitada que tiene que llegar al clímax. Pero debe ser placer, no obligación".

Otra mujer más comentó: "Lo más importante es tomarse suficiente tiempo. Algunas veces pienso que todos los hombres se apresuran al orgasmo. A mí me gustaría que pudiéramos dedicar más tiempo sólo a la intimidad. En parte es culpa de la mujer. Los hombres tienen miedo de no satisfacernos. Quiero decir, ¿quién le está apuntando con una pistola a quién? Existe el temor de hacer el ridículo en la cama. Antiguamente los hombres únicamente saltaban sobre mí y empezaban a gemir y jadear. Ahora sólo saltan para complacerme. Esa es la razón por la que por lo general prefiero el sexo durante el fin de semana o durante las vacaciones. Añoro las ocasiones en las que tenemos suficiente tiempo".

Mary Linda Fara, directora adjunta del Marital Sexual Therapy Institute (Instituto de Terapia Sexual Marital) de Fairfax, Virginia, señala varios otros aspectos: "Se requiere de dos cosas para que la mujer tenga una relación sexual satisfactoria. Primero, tiene que estar totalmente libre de ansiedad, y segundo, tiene que tener pensamientos sexuales. De otra manera, el orgasmo es muy poco probable. Cualquier tipo de temor o ansiedad, puede poner fin al disfrute de la sexualidad. Si usted le está haciendo el amor a una mujer y mentalmente ella tiene miedo de que el teléfono suene, por ejemplo, ella perderá el interés sexual.

"Sin embargo, uno de los temores más prevalecientes es el miedo al desempeño, el temor a *no* desempeñar bien. La razón por la cual la mayoría de las mujeres, y de los hombres, pierden la habilidad para desempeñarse sexualmente, es porque desean desesperadamente desempeñarse bien.

"Es como querer dormirse. Si uno piensa demasiado en dormirse, es imposible hacerlo. Lo mismo sucede con el sexo. Si la mujer está preocupada por lograr un orgasmo, no lo podrá tener, o por lo menos resultará más difícil. Es algo que tiene que venir por sí mismo. Irónicamente, el temor al fracaso es prácticamente una garantía para el mismo".

El doctor Bryan Capden-Main, marido y coterapeuta de la doctora Fara, opina: "Durante mucho tiempo, pensamos que el sexo era algo que uno le hacía *a* la mujer. Las mujeres eran educadas para que se les hiciera el sexo a ellas en la noche de bodas. Después cambió esa idea. El sexo se convirtió en algo que el hombre hacía *para* la mujer. De hecho, el sexo no es algo que usted pueda hacer *para* nadie, es algo que uno sólo puede hacer por uno mismo, y que únicamente la mujer puede hacer por sí misma. El sexo es una actividad entre dos personas que realizan para sí mismos *y* para la pareja. Pueden *ayudar* a su pareja a lograr el orgasmo, pero cada uno de ellos es responsable del suyo propio".

De acuerdo con el *Informe Hite*, "la idea de que realmente nosotros logramos nuestros propios orgasmos, aun durante el coito, se encuentra en contradicción directa con lo que se nos ha enseñado. Sin embargo, sí nos provocamos orgasmos a nosotros mismos... ya que tenemos que cerciorarnos de que la estimulación dé en el blanco moviéndonos u ofreciendo sugerencias y poniendo tenso el cuerpo y colocándonos en la posición que nos sea necesaria". Como lo planteó una mujer, "hay que ir tras él".

En otras palabras, la "O" mayúscula es algo que ella tiene que darse a sí misma. Lo que usted *puede* hacer por ella es ayudarla a crear las condiciones para el orgasmo.

Si a su esposa o amante le sigue costando trabajo lograrlo, convénzala de que nadie *espera* que ella tenga uno. Dígale que, durante un periodo determinado, ni siquiera esperará que ella lo ayude *a usted* a llegar al mismo. Dígale que le da gusto que ella disfrute y que se concentre en sus propios placeres físicos.

Piense en cosas "sexys" y dígaselas a ella. Aun cuando usted no puede crear las fantasías de la mujer por ella, ya que éstas se crean en la infancia, la puede alentar a que le diga las fantasías que tiene. Hágale saber que puede confiarle sus fantasías confiándole usted las suyas. El bloqueo final al orgasmo se encuentra en la mente. Y una fantasía vívida puede destruir ese bloqueo.

Unico, múltiple, secuencial y peritoneal

De acuerdo con el doctor Avodah K. Offit, terapeuta sexual, existen tres clases distintas de orgasmo femenino: único, secuencial y múltiple; y "ocurren independientemente del lugar de excitación, independientemente de en dónde se estimule el cuerpo de la mujer o en dónde se estimule ella".

El orgasmo *único* a menudo es la primera clase de orgasmo que experimenta la mujer. Pueden ser varias contracciones de distintas profundidades de la vagina o un solo espasmo fuerte. Al igual que el orgasmo masculino, el femenino, único, es intenso y satisfactorio. El orgasmo *múltiple* es una serie de orgasmos únicos de distintas intensidades, uno después de otro después de un periodo de descanso. Shere Hite informa que las mujeres que experimentan orgasmo múltiple pueden tener cinco o seis completos en cuestión de minutos. Por otra parte, el orgasmo *secuencial* es una serie de orgasmos, por lo general no muy intensos, que siguen uno al otro inmediatamente, sin ninguna pausa.

Los orgasmos múltiples y secuenciales tienen una cosa en común: la mujer por lo general desarrolla la capacidad de sentirlos únicamente con experiencia y tiempo considerables. La mayoría está consciente de que existe un tipo distinto de orgasmo hasta que lo experimenta por sí misma. Los expertos no están seguros de qué es lo que lleva a la mujer a desarrollar la capacidad de orgasmos múltiples o secuenciales. Algunos alegan que un amante nuevo, o el mismo amante empleando nuevas técnicas, puede constituir la diferencia. Otros sostienen que por lo general se debe a la creciente sofisticación emocional y física de la mujer.

Los orgasmos únicos, múltiples y secuenciales, no son los únicos en la lista. Aunque menos conocido, algo controversial, pero más y más discutido, es el cuarto y último tipo de orgasmo femenino: el peritoneal. Este orgasmo puede proporcionar a la mujer un placer profundo y éxtasis.

Involucra al revestimiento sensible de la cavidad abdominal que se llama peritoneo ubicada en una parte profunda de la vagina. Este orgasmo "peritoneal" se puede lograr únicamente con la penetración más profunda posible; de hecho, en la mayoría de los casos, únicamente se puede lograr en la posición de la mujer encima.

Para proporcionarle a la mujer este tipo de orgasmo, evite un juego preliminar demasiado elaborado (en especial la estimulación del clítoris). A continuación, después de la inserción, aplique presión a la parte inferior del abdomen con la mano.

La estimulación del peritoneo en algunas mujeres produce un orgasmo muy distinto al del clítoris. Realmente es más similar al orgasmo masculino: viene rápidamente, llega a un clímax intenso, y únicamente sucede una vez. El orgasmo peritoneal no es fácil de lograr. Es lo que una mujer llama "el 'O' más evasivo de todos".

De la ansiedad al orgasmo: paso por paso

¿Qué sucede si ha seguido los pasos señalados anteriormente a fin de ayudarle a la mujer a llegar al orgasmo y ella de todas maneras no lo logra? Afortunadamente, los terapeutas sexuales recientemente han desarrollado métodos increíblemente exitosos para ayudar a la mujer a lograr el orgasmo. Si bien los problemas serios seguramente requieren de la ayuda de un terapeuta bien capacitado, muchas parejas pueden emplear estos nuevos métodos en la intimidad de sus propios dormitorios.

Una vez que haya calmado los sentimientos de angustia de ella y hecho todo lo posible con objeto de enfocar la mente de ella en pensamientos sexuales, la "cura" requerirá de tres pasos:

Cobrar conciencia corporal

Las mujeres a las que les cuesta trabajo lograr el orgasmo, a menudo no están realmente en contacto con sus cuerpos. Es necesario que cobren más conciencia de las sensaciones y respuestas especiales. Los deportes pueden ser útiles; sin embargo, también hay algo que se puede realizar en la intimidad del dormitorio. Haga que ella se recueste y relaje tanto como sea posible. Después explore el cuerpo de ella con toques suaves, una parte después de la otra.

Durante las primeras sesiones evite tocar los senos o área genital. El hacer esto únicamente desencadenará la expectativa de desempeño sexual. Después de algunas sesiones, cuando esté seguro de que ella se siente totalmente relajada con la forma en la que usted la toca, puede empezar a acariciar los senos, y a la postre, el área genital.

Autoestimulación

La autoestimulación es el segundo paso. En otras palabras, ella se debe masturbar, de preferencia encontrándose usted junto a ella, para que aprenda a sentirse cómoda con la estimulación genital en presencia de su pareja.

De acuerdo con el *Informe Hite,* "en este estudio, el porcentaje de mujeres que nunca habían tenido orgasmos, era cinco veces mayor entre las mujeres que nunca se masturbaban que entre el resto".

Si ella nunca se ha masturbado, ahora es el momento de empezar. En caso de que *sí* se haya masturbado, debe tratar de emplear nuevas técnicas. Si siempre se ha masturbado con toda la mano, por ejemplo, debe tratar de estimular el clítoris únicamente con uno o dos dedos. Debe continuar hasta que ya no haya angustias al estimular y se sienta totalmente cómoda con la excitación de su cuerpo.

Penetración

El paso final es permitir que *usted* la estimule. No trate de hacer demasiado muy pronto. Recuerde, ella tiene que lograr su orgasmo. Aun cuando usted participe directamente en la terapia, sigue siendo un asunto de ella.

Sin embargo, la idea no es que ella o usted, lleguen al orgasmo. La idea es que ella se sienta cómoda con la penetración. Con tiempo y paciencia y con el total apoyo de usted, ella alcanzará el orgasmo. *Si no lo logra*, llegó el momento de consultar a un terapeuta profesional.

El ayudar a la mujer a lograr el maravilloso placer de la "O mayúscula" no tiene nada que ver con jugar el papel de atleta sexual. Es una acción lenta, de apoyo, e interés, que requiere que anteponga el placer de ella al propio. Sin embargo, cuando la ayuda a lograr el clímax y a realizar su capacidad completa para el placer, le está dando algo sumamente importante, algo que va a crear una unión entre ustedes y a traerles un lazo emocional aún más intenso que el placer físico de la liberación sexual. Un orgasmo es un regalo de amor.

10

LA SAL DE LA VIDA

Hacer el amor es un arte. Y una parte importante de dicho arte es la variedad. Hay una vieja historia sobre un burdel en San Francisco durante la Fiebre de Oro, en el que la administración "garantizaba" a los clientes un nuevo placer cada noche durante un mes. Sobra decir que el negocio fue todo un éxito.

La Fiebre de Oro ha llegado a su fin, y de acuerdo con muchas mujeres, también la variedad en el sexo. Una mujer que vive en el San Francisco moderno dice: "Todo el mundo tiene algo favorito, y eso es todo lo que hacen. Una noche tras otra, siempre una o dos cosas. Piensan que es demasiado atrevido algo distinto a la posición de misionero".

Muchas mujeres se quejan de que los hombres son amantes aburridos porque no están dispuestos a intentar cosas nuevas, a regresar al dormitorio lo novedoso o la variedad, si es que alguna vez existieron para empezar.

Una atractiva mujer, socia de un bufete legal en Houston, opina: "Es suficiente para hacer que una ponga un anuncio en el periódico, ya sabes, uno de esos periódicos clandestinos raros. Mi anuncio diría, 'mujer ingenua está desesperada por sexo ingenioso. Presente las ideas más descabelladas'. Por supuesto que nunca lo haré pero es divertido pensar en ello".

Aun a los hombres entusiastas con respecto a intentar algo nuevo y fuera de lo común, les preocupa la reacción de sus parejas sexuales. Un marido en Newton, Massachusetts, confiesa: "Por supuesto que tengo curiosidad. Durante quince años he fantaseado ponerme un anillo en el pene. Siempre tengo esta fantasía durante la relación sexual, me encantaría intentarlo, y también probar otras cosas. ¿Pero qué va a pensar ella?"

De acuerdo con las mujeres con las que he hablado, ella seguramente pensará que es algo sensacional. Las mujeres tienden a intimidarse menos con lo novedoso en el sexo que los hombres, a estar más conscientes del papel que juega la fantasía. Con un brillo en los ojos, una ejecutiva de edad madura que vive en Hartford, asegura: "Fn alguna parte del subconsciente, hay muchas cosas que quiero intentar, y tan pronto como tenga la oportunidad . . .".

Si por un momento duda de que las mujeres tienen una vida de fantasía rica y activa, sólo consulte un ejemplar del libro de Nancy Friday, *Mi jardín secreto: las fantasías sexuales de la mujer.* Friday entrevistó a cientos de mujeres y a cada una le pidió que describiera su fantasía durante el coito o la masturbación. También publicó anuncios en varios periódicos pidiendo a las mujeres que mandaran descripciones escritas de sus fantasías más íntimas. Friday recibió cientos de respuestas sorprendentemente francas que revelaron que la mujer norteamericana tiene una vida de fantasía increíblemente inventiva.

¿Qué sucede en dichas vidas de fantasía? Los ingredientes son muchos: violación, sumisión, dominio, grandes genitales, fetichismo, bestialidad, incesto, encuentros lesbianos, sexo con hombres mayores, con jóvenes, con actores famosos y con atletas reconocidos.

Naturalmente, queda claro que muy pocas mujeres realmente quisieran que sus fantasías se convirtieren en realidad. La fantasía viva en la imaginación complementa el acto físico y le da un matiz erótico. La mujer realmente no quiere ser atada o dominada por algún extraño villano; basta con pensar en la fantasía, en compartir los pensamientos con el marido o amante cuando es posible, y. quizás con que él la trate con mayor autoridad de vez en cuando.

¿Por qué a los hombres les da miedo aventurarse a algo muy distinto a la posición de misionero o quizás a un poco de sexo oral? En parte debido a la misma vieja historia: inseguridad. Cuanto más profundizan en nuevos tipos de actividad sexual, se sienten menos seguros. Un hombre casado afirma: "Por supuesto, lo he pensado. Hasta he fantaseado algunas cosas sobre las que no quisiera hablar. Sin embargo, eso es muy distinto a hacerlas en la realidad. Ni muerto las haría".

Otra razón por la que los hombres no se aventuran más en la cama es porque tienen miedo de parecer pervertidos. No se conciben a sí mismos en esa forma y no quieren que otros piensen así de ellos.

Un abogado de Wall Street, que llevaba un traje de tres piezas con chaleco, opinó: "Por supuesto, hay todo tipo de cosas raras por ahí, pero no son el tipo de cosas que a la gente le gusta que yo haga. ¿Me visualiza a mí con una onda de piel? Tampoco puedo visualizar a mi esposa en pantaletas sin entrepiernas. Irónicamente, una razón por la que los hombres evitan lo fuera de lo común en la cama, es porque temen que a la mujer en sus vidas les guste *demasiado*. Estos hombres prefieren pensar que las mujeres con las que están seriamente involucrados son virginales, aun después de años de sexo, y el restringir el alcance de su actividad sexual ayuda a mantener esa ilusión".

Tratar de hacer el amor con la actitud de que las fantasías sexuales de alguna manera son malas, es como tratar de amarrar las agujetas de los zapatos con las manos atadas por la espalda. Las fantasías del hombre, y las de la mujer, forman parte de hacer el amor tanto como la erección o el orgasmo. De hecho, algunos expertos han concluido que todas las erecciones en el hombre y los orgasmos en la mujer son inducidos por la fantasía, aun cuando esta pueda ser totalmente subconsciente.

Por lo tanto ¿por qué suprimir la fantasía y limitar la diversión? ¿por qué evitar cosas nuevas y correr el riesgo de convertirse en un amante aburrido? Algunos hombres consideran que determinada actividad sexual es perversa o poco saludable, sólo porque es fuera de lo común o extraña. No es así. No es lo *que* se haga lo que es perverso, sino el por qué se hace.

El hombre a quien ocasionalmente le gusta que su esposa se vista de piel y actúe la parte de la "dominadora", siempre y cuando ella disfrute de jugar este papel, se está haciendo a sí mismo, a su esposa y a su relación, un favor. Sin embargo, el hombre que *únicamente* puede obtener satisfacción si le da latigazos una figura "dominadora", independientemente de quién sea, debería buscar un terapeuta.

Una de las mejores formas de revivir cualquier relación, nueva o vieja, es explorando nuevas posibilidades sexuales. Una ama de casa en Miami, quien admite que le gusta ocasionalmente cubrir el pene de su marido con crema batida, dice: "Nos hubiéramos divorciado hace mucho si no hubiéramos estado dispuestos a intentar lo poco común. La gente estaría más contenta si en vez de cambiar de pareja sexual, únicamente cambiara lo que hace con su pareja".

Masturbación

La mayoría de los hombres piensa que la masturbación es el último recurso para las noches solitarias. De hecho, puede ser muy excitante y muy íntimo masturbarse juntos. Después de todo, le está pidiendo a ella que comparta uno de sus actos más privados.

Una mujer en Boston, comentó lo siguiente sobre la masturbación como parte de hacer el amor: "No hace mucho tiempo, hice el amor por primera vez con un hombre mucho menor que yo. Después de un rato, me preguntó si no me importaría masturbarme un poco. Me dijo que nunca había visto a una mujer masturbarse y pensaba que sería algo muy 'sexy'. Le dije que lo haría, pero únicamente si él hacía lo mismo. Ahí estábamos, tocándonos a nosotros mismos sin el menor contacto físico, toda la intimidad se encontraba en el contacto visual. Tuve un orgasmo como nunca en mi vida. Y él también, casi al mismo tiempo. Él tenía razón, fue algo *muy* 'sexy'."

Tomar fotografías

"Muchas mujeres tienen la fantasía de ser modelos", afirma una persona que entrevisté a quien le gusta tomar fotografías en la cama. Mientras no interfiera con hacer el amor, puede ser algo sumamente emocionante. Si cuenta con una cuerda de control remoto y tiene gusto por lo dramático, hasta pueden sorprenderse *in flagrante delito* durante el acto.

Use una Polaroid. De esta manera estará seguro de que el que revela las fotografías no podrá sacar copias adicionales, además podrá compartir los resultados de inmediato. Asimismo, considere darle las fotografías a ella. De esta manera, ella sabrá con certeza que nadie las verá inadvertidamente.

Si usted descubre que a ella realmente le gusta el exhibicionismo y tiene un video y una grabadora de cintas de video, hasta puede tratar de hacer sus propias películas de clasificación "C". Quizás no cumpla con las normas de Hollywood, pero pueden verlas ustedes y divertirse, o, aún mejor, ponerse en el estado de ánimo para volver a hacer una representación en vivo.

Pornografía

Muchos hombres piensan que a las mujeres les enfría la pornografía. Incluso muchas mujeres tienen la impresión de que las mujeres responden más a las palabras que a las imágenes. Una joven escritora de Nueva York comentó: "Si bien los hombres parecen responder a las imágenes, las mujeres parecen responder más a los pasajes eróticos en las novelas. ¿Por qué piensas que los romances góticos han tenido tanto éxito?"

De hecho, Kinsey nos dice que es más probable que las mujeres se estimulen sexualmente más que los hombres con las películas y los libros eróticos. Es más probable que los hombres los *compren;* sin embargo, esto se debe a que la mayoría de las mujeres no se sienten cómodas asistiendo a cines o librerías pornográficas.

La solución es que usted la acompañe. Le sorprenderá cómo el observar a *otra gente* hacer el amor, puede hacer que una mujer sexual se ponga en el estado de ánimo para hacer el amor. El asistente de un congresista dice: "Recuerdo que caminaba por Georgetown con una amiga. Deseaba intensamente ir a la cama con ella, pero no estaba seguro de que *ella* lo deseara. Las señales daban pie a confusión.

"Caminábamos después de la cena buscando una película. Pasamos por un cine y ella fue a ver los anuncios cerca de la taquilla y dijo, 'esta es'. La película era *Atrás de la puerta verde.* Quedé bastante sorprendido. ¡Parecía ser una señal positiva! Para ser sincero, la película fue fatal, pero lo que hicimos en mi departamento después debió haber ganado un Óscar".

Juguetes sexuales

Dos cuerpos desnudos ofrecen tantas posibilidades para dar y recibir placer físico y emocional, que uno no pensaría que nada más fuera necesario. Sin embargo, aparentemente ni siquiera somos la primera sociedad que ha querido mejorar lo mejor que ha creado la naturaleza. Los arqueólogos han descubierto dildos en la antigua Grecia, en el Japón medieval y en África.

Si usted piensa que el probar los nuevos juguetes sexuales hará que se vuelva raro, debe estar consciente de que el 40 por ciento de los que respondieron a la encuesta de *Redbook,* dijeron usar libros, imágenes, o películas eróticas como medios de estimulación sexual, por lo menos de vez en cuando; y el 20 por ciento han empleado vibradores, aceites, plumas, u otros objetos en el acto sexual.

El juguete sexual más común es el vibrador. Hay ciertas variedades del mismo. Algunos se amoldan a la parte externa de la mano y mandan las vibraciones *a través* de la mano y los dedos. Otros son versátiles y vienen con muchos accesorios. El más común es el vibrador cilíndrico largo, al que una mujer se refiere como "el dildo para la sociedad mecanizada".

Los vibradores no son únicamente sustitutos de los falos *reales* cuando la mujer se encuentra sola, también son una solución común al problema de sostener el coito más allá del aguante de la mayoría de los mortales. En la encuesta de *Redbook* de 1975, el 39 por ciento de todas las mujeres casadas interrogadas, dijo que aprovechaba los vibradores durante el sexo.

Si usted menciona la posibilidad de los juguetes sexuales y ella parece interesada, considere llevarla a una de las tiendas especializadas que venden juguetes sexuales. A menudo la visita en sí excita a la mujer que siempre se ha mantenido alejada de estos emporios. Deje que ella misma escoja de entre el surtido de ingeniosos dispositivos: dispositivo de cosquilleo (pene de hule acanalado que estimula a la mujer al éxtasis); anillos para pene (anillos de piel, metal o hule que se acomodan alrededor del pene y de los testículos para intensificar la sensibilidad y prolongar la erección); y toda una variedad de ropa, cinturones, y arnés de piel. Por lo menos se divertirá.

La fantasía realmente puede cambiar la vida sexual de la gente. Hace años, conocí a una mujer llamada

Cristina, una atractiva rubia del Medio Oeste que usaba suéteres ajustados, una mujer tipo Lana Turner. Estaba en la facultad de medicina cuando se enamoró locamente de un estudiante argentino de nombre Enrico.

Un día que tomábamos café, de repente se puso nerviosa.

—Me da un poco de vergüenza decirlo —me dijo—, pero me muero de ganas de intentar la sumisión y dominio.

—¿Cuál de los dos? —le pregunté—, tratando de controlar mi sorpresa.

—Sumisión. Siempre he querido intentarlo, y creo que debería. Si no lo hago, siempre desearé haberlo hecho. Estoy pensando en contestar un anuncio.

Me mostró la sección de anuncios personales de un periódico, en el que había trazado un círculo alrededor del siguiente: *"Hombre atractivo proporcionará dominio suave. Amarrará a la mujer y le golpeará el trasero con firmeza".*

—Debes estar bromeando —le dije viéndola con terror—. Eso sería peligroso.

—Bueno, quizás un poco.

—¿Un poco?

—Esta es la razón por la cual te lo quería contar. Pensé que quizás estuvieras dispuesto a quedarte junto al teléfono para que te pudiera llamar si hay algún problema.

—De qué te serviría si te ata y realmente empieza a lastimarte. ¡No te va a pasar el teléfono! ¿Le has preguntado a Enrico? Quizás lo pudieras intentar con él.

—Se lo sugerí, y sólo se rió. No creo que hagan mucha "sumisión" y "dominio" en Argentina.

—¿Por qué no lo vuelves a intentar? Es una mejor idea que dejar que un maniaco te amarre.

Cristina de hecho le pidió a Enrico que lo intentaran, y para su sorpresa él dijo que sí. Para su asombro (y seguramente también el de él), hasta le gustó a él.

—Realmente hizo que mejorara nuestra relación —me dijo Cristina algún tiempo después—, el sexo empezaba a ser aburrido, y esto era justo lo que necesitábamos, realmente ha estimulado las cosas. Únicamente hay un pequeño problema —me dijo riendo—, ahora yo quiero amarrar a Enrico.

11

COMO APRENDER DE LOS PROFESIONALES

Cuando estaba en la facultad de leyes solía jugar tenis dos veces a la semana con un amigo de nombre Roger, originario de Columbo, Ohio. Lo que siempre me sorprendió de él, aparte de su gran revés, era que siempre parecía tener mucho dinero. Si bien a mí por lo general me faltaba, a él parecía faltarle tiempo para gastarlo. Apenas si yo podía pagar la colegiatura. Por otra parte, Roger se vestía bien, traía un Porsche y siempre andaba con una mujer hermosa.

No había razón para suponer que fuera rico. En cuanto a lo que yo sabía, ni siquiera tenía un trabajo de medio tiempo. Era el gran misterio de aquellos días: ¿de dónde procedía el dinero de Roger?

Me enteré una noche, en medio de los exámenes del segundo año.

Eran más o menos las dos de la mañana; habíamos estado revisando casos desde la mañana anterior, y cuando finalmente decidimos terminar, nos retiramos al bar local. Quizás se le estaba acumulando la presión del examen, tal vez quería impresionarse, o tal vez únicamente necesitaba desahogarse.

Independientemente de cuál haya sido la razón, Roger me anunció mientras tomaba un scotch en las rocas, que *sí* tenía un trabajo de medio tiempo: estaba pagando su colegiatura en la facultad de leyes vendiéndose a sí mismo. Roger era un gigolo.

Nunca me había puesto a pensar mucho sobre los gigolós, creo que me imaginaba que andaban en corvettes, que usaban cadenas de oro y camisa de seda, que se aceitaban la cabellera, y tenían un tufo de colonia barata. No los visualizaba asistiendo a la facultad de leyes, o jugando tenis, o que fueran de Columbo, Ohio.

—Nunca me imaginé que los gigolos fueran reales —le dije—. Uno *ve* a las prostitutas de la calle cualquier día de la semana, pero los gigolos no están visibles. Por lo menos no se sabe que lo son.

—Bueno —aclaró Roger—, los gigolos realmente no son lo mismo que las prostitutas. Las mujeres buscan en el sexo cosas distintas que los hombres. El hombre compra sexo por una noche. La mujer prefiere 'mantener' al hombre. Puede empezar pagando sus cuentas, haciéndose cargo de él, y él empieza a corresponderle con sexo. Por supuesto que hay quienes dan servicio a las mujeres por una sola vez, pero la mayoría de ellos en realidad son hombres mantenidos.

Cuando finalmente me recuperé de la confesión de Roger, me consumía la curiosidad. ¿Durante cuánto tiempo? ¿con qué frecuencia? ¿cuánto?, pero sobre todo, ¿por qué?

Roger me confesó:

—Yo entré a la "profesión" más o menos por casualidad. Empezó con una de las socias del bufete legal en el que trabajé como oficinista el verano pasado. De más o menos 45 años, y pelo color ámbar. Ya sabes, "sexy". Siempre me han atraído las mujeres mayores

Trabajamos hasta tarde una noche y me invitó a cenar. Nos bebimos dos botellas de vino; me invitó a su departamento, una cosa llevó a otra y terminamos rompiendo la regla básica de una buena política de oficina. Cuando llegué a casa la mañana siguiente, encontré tres billetes de cien dólares en el bolsillo de mi pantalón. En poco tiempo ella me presentó a algunas de sus amistades.

Tenía yo una lista de clientes más elegantes que los del bufete legal.

¿Por qué? Evidentemente, el dinero cae muy bien. Quiero decir, ni los abogados ganan tanto. Sin embargo, el dinero no sería suficiente si yo no me sintiera tan bien. Eso es, hace que *yo* me sienta a gusto.

La mayoría de estas mujeres son realmente infelices. Están casadas con hombres severos. Realmente nunca están satisfechas sexualmente. Vienen conmigo para que les dé esa satisfacción: ya sabes, la atención, el afecto, todo eso que no pueden encontrar en otra parte. A mí me estimula eso.

Roger sigue siendo mi amigo. Pero su profesión ha cambiado. Ahora practica leyes en Chicago. La última vez que hablé con él me dijo: "Acabamos de tener nuestro tercer hijo". Roger ha estado felizmente casado con la misma mujer durante seis años.

Esta historia no se me ha borrado de la mente y me ha llevado a preguntarme: ¿hay algo que podamos aprender de los gigolos con respecto a hacer el amor?

Un muy exitoso "puto" de 25 años, de Chicago, aseguró: "El truco está en hacer que una mujer se sienta bien con respecto a sí misma. Cuando alguna viene conmigo, trato de hacerla sentir que es la mujer más hermosa, más 'sexy' del mundo. Algunas de mis clientas ya están entradas en años, tienen 20, 30 o hasta 40 años más que yo. Esto puede ser muy incómodo, especialmente en la cama. Eso es lo que ellas quieren sentir, y cuanto menos atractivas son, más se quieren sentir de esa manera.

"Empiezo con algo agradable y sencillo, algo como 'hueles muy bonito' o 'tus pezones son realmente hermosos'. Muy pronto puedo pasar a algo un poco más sofisticado. Le digo, 'esto realmente me excita'. 'Eres encantadora'. 'No quiero que esto termine'. Este tipo de cosas hacen que ella se sienta cómoda, que se relaje. La noche puede ser muy larga si ella no se relaja.

"Al principio quizás no me crea. Se dice a sí misma, 'oh, lo hace sólo por dinero'. Uno puede leer eso en su cara. Sin embargo, después de un rato, por lo general puedo hacer que ella disfrute. Tarde o temprano, me creen porque en realidad quieren creerme.

"Algunas veces, hasta yo me creo lo que digo. De hecho, la mayoría de las veces me involucro en lo que hago. Ya sabes, deja de ser una actuación. De repente me veo atraído por ella. Realmente *me gusta* estar con las mujeres. Disfruto de su compañía. Me gusta sólo hablar, pasar tiempo con ellas. Apuesto a que esa es una de las razones por la que las mujeres me encuentran 'sexy', porque realmente me meto en ellas, en muchas formas".

Sean, uno de los profesionales más buscados y bien pagados de la ciudad de Nueva York, trabaja para una agencia y se especializa en cumplir las fantasías de las mujeres.

Me comentó: "No me creerías en lo que algunas mujeres piensan cuando tienen una relación sexual, la persona que está ahí abajo (señalando entre sus piernas) casi nunca es la persona que está aquí arriba (señalando la cabeza). El marido o amante está ahí abajo, pero aquí arriba se encuentra algún profesor que tuvieron en la universidad, el héroe de alguna comedia, algún personaje famoso. Por lo general se repite la misma fantasía una y otra vez, con quizás una o dos pequeñas diferencias. Se convierte en un hábito y ella *tiene* que pensar en él para lograr el orgasmo".

Le pedí que me diera algunos ejemplos.

"Las fantasías de dominio son muy comunes. Ya sabes, algún tipo que vio en la calle o en el metro ese día aparece en su recámara esa noche cuando ella está sola. Le rasga la ropa y la desviste, quizás la ata a la cama, la fuerza a hacer sexo oral, que lo llame 'señor', la hace que le pida más. Esta fantasía es muy común.

"Una mujer puede tener exactamente la misma fantasía todas las noches durante diez años y de todas maneras sigue sintiéndose avergonzada de contársela a su esposo. Tiene miedo de que él no apruebe. No sé, quizás tenga razón. Sin embargo, si yo estuviera en su lugar, yo le contaría, y después le pediría que se uniera a la diversión. Si él no está dispuesto, si realmente no aprueba; bueno, entonces el problema es distinto.

"Es entonces que llaman a mi agencia. La agencia anota toda la historia, todos los detalles y me los pasa a mí para que yo sepa qué hacer, qué papel debo jugar. Una de las ventajas de trabajar para una agencia es que la cliente no me tiene miedo. Sabe que no soy ningún tipo raro. También sabe que no pienso que *ella* es una tipa rara, y que no me voy a reír en el momento inadecuado. Después de todo, esta es mi profesión. Ella se imagina que yo debo haber visto cosas muy raras en mi trabajo, y por lo general así es.

"No creo que la mayoría de la gente realmente entienda lo que significa para alguien al fin llevar su fantasía a la realidad, fantasía que ha estado tras ellas todas las noches durante treinta años. Realmente es emocionante para mí el sólo ver el placer que les da. Algunas veces es algo que sólo ocurre una vez en la vida".

Le pregunté a Sean si recordaba alguna fantasía en particular. Vaciló.

"Había una señora, creo que de unos cincuenta años, que tenía la fantasía de ser porrista universitaria. En su fantasía, esperaba, después del juego, a dos o tres de los jugadores. Ellos salían y la sorprendían en un rincón oscuro cerca del campo. Todavía llevaban puestos los uniformes sudorosos y empolvados.

"Realmente había pensado en todos los detalles. Ella no llevaba pantaletas. Levanta la falda, y uno por uno le llega mientras está parada. Después, ella todavía con su atuendo de porrista, y ellos con uniforme, tiene sexo con todos, uno tras otro. Y mientras tiene coito con uno de ellos, le da sexo oral a otro y al otro lo estimula con la mano. Es toda una escena.

"La agencia realmente supo manejar el caso. Nos dijo a tres de nosotros que no nos bañáramos ese día, nos consiguió uniformes viejos de futbol, y esa noche en el hotel, seguimos toda la fantasía, paso por paso. Fue, algo explosivo. Apuesto a que ella todavía se sonríe cuando lo recuerda.

"Estoy seguro de que esa noche le costó bastante. Quizás le dio un poco de pena al principio, el saltar con pompones. Y a nosotros nos veían raro cuando atravesamos el vestíbulo del hotel en uniforme de futbol. ¡Pero qué importa! Quizás esa fue la mejor noche en toda la vida de esa mujer. Fue emocionante formar parte de ella".

Larry, quien vive en la lujosa suite de un hotel en Atlanta, la cual paga una anciana viuda de considerable fortuna, dice: "Cuando la gente se da cuenta de que soy un mantenido, supone que soy algo sensacional. Quiero decir, que el sexo es lo importante en mi profesión ¿correcto? te voy a confiar un secreto. No es así. Erecto mido poco menos de 13 centímetros, lo cual significa que mi pene es un poco más pequeño que el promedio.

"Sin embargo, muchos hombres que están bien dotados no son buenos amantes. No se toman el tiempo. Para ellos es el bam, bam. Dan por sentado que la mujer encontrará sensacional todo lo que ellos hagan. No saben que algunas veces, un pene grande puede lastimar a la mujer, especialmente si ella todavía no está lista.

"Por supuesto, a algunas les gustan los hombres con pene grande; sin embargo, creo que esa es la excepción, no la regla. Pero sé con certeza, me refiero basado en mi propia experiencia, que un pene pequeño puede excitar a una mujer tanto como uno grande, siempre y cuando uno sepa usarlo. El hombre que lo tiene pequeño, debe compensar con mucho juego preliminar, usar las manos, la lengua. De cualquier manera, muchas mujeres no se vienen durante el coito.

"No voy a decir que sea una ventaja. Cuando las mujeres me ven por primera vez desnudo, quedan un poco decepcionadas, pero no les dura mucho tiempo".

Un rubio y bronceado gigoló de Los Ángeles, quien ocasionalmente sale como extra en programas tales como *El crucero del amor* y *Los Duques de Hazard* me dijo que su dama del momento, una estrella cinematográfica de los años cuarenta, realmente no quería sexo. "El sexo la enfría. La mayor parte del tiempo, quiere poner la cabeza sobre mi hombro; quiere que la abrace.

"Sabe que el sexo está ahí si ella quiere. Yo hago lo que desea. Eso quedó claro desde el principio. Pero eso parece bastarle, que sólo esté disponible. He pasado toda la noche sólo abrazándola, adormeciéndome, despertándome abrazándola, adormeciéndome. No está mal. Puede hacer que el sexo sea mejor. Ya sabes, cuando lo tienes. Más intenso porque no es automático. Y esto es algo que muchos hombres no saben. Si la despiertas en medio de la noche, después de que ambos han dormido, el sexo es realmente ardiente".

Le pregunté a Jim, un gigoló de 32 años, que vive en Nueva York, si había alguna cosa fuera de lo común que sus amigas disfrutaran en particular cualquier "secreto profesional".

Se puso a pensar un rato, después me dijo:

—A muchas mujeres les gusta que inserte el dedo en el ano justo antes de que se vengan. Las enloquece.

—¿Alguna vez te han pedido coito anal?

—Algunas. Quizás una de cada cuatro.

—¿Cómo sabías cuando era ésto lo que querían?

—Por lo general es muy fácil. Levantan las asentaderas marcadamente.

—¿No tienen miedo de que les duela?

—Sólo si nunca lo han hecho antes. Pero si uno lo hace con mucha suavidad, no debe doler demasiado, especialmente si ella está relajada. Ella tiene que estar relajada. Esto significa que no se puede hacer de inmediato. Sólo se puede hacer después de un rato de estar haciendo el amor y de que los jugos estén fluyendo. Además, a la mayoría de las mujeres no les importa *un poco* de dolor siempre y cuando no sea demasiado.

Si la mujer desea sexo anal, Jim empieza por humedecer el área con saliva. Toma una ducha antes, puede eliminar cualquier problema "estético". Después lubrica el área minuciosamente. Si bien la vaselina o ungüento de petróleo es más difícil de limpiar, la prefiere a los lubricantes solubles en agua tales como las jaleas "K-Y" porque tienden a secarse demasiado rápidamente.

Después, Jim da un masaje al ano con un dedo, insertándolo lentamente. Al principio, los músculos del esfínter se contraen involuntariamente. No hay que penetrar más, dice él, sino hasta que el esfínter se haya ajustado al dedo. Una vez que el dedo llega al recto, la resistencia disminuye dramáticamente.

Después, para ampliar la apertura gradualmente, Jim inserta otro dedo. Únicamente cuando la mujer está relajada por completo lubrica él su pene erecto con más jalea y lo inserta, al principio lenta y cuidadosamente, listo para retirarlo si el dolor se torna demasiado intenso. Cuando ya está totalmente adentro, se detiene por un momento para que ella pueda adaptarse. Después empieza a impulsar, lentamente al principio, cobrando velocidad cuando se cerciora de que ella está totalmente cómoda.

Jim dice que es posible realizar coito anal en varias posiciones. "La mejor es cuando ella se extiende sobre la espalda con las piernas sobre sus hombros. De esta manera es posible besarse. Sin embargo, si es la primera vez para ella, y tiene miedo de que la pueda lastimar, puedes intentar descansar tú sobre la espalda y que ella se siente sobre ti guiando el pene ella misma. De hecho, si es la primera vez para ella, la posición más fácil es quizás la de lado a lado. Ya sabes, como dos cucharas, es la que parece causar menos dolor".

Jim no lo dijo, pero yo lo diré: *siempre* hay que lavarse antes de volver a insertar el dedo o el pene ya sea en la vagina o en la boca. De otra manera, el resultado puede ser problemas médicos serios.

Rick es un gigoló de Nueva York de mucha demanda, quien durante dos años fue "shortstop" de las ligas mayores de beisbol y todavía conserva los modales y físico de un atleta profesional. A diferencia de su colega Sam, cuando Rick está seguro de que una mujer lo quiere, trata de dejarle el mando a ella. "Sólo le digo que estoy a su disposición, lo que me hace a mí feliz, es cualquier cosa que la haga feliz a ella.

"Al principio, a algunas mujeres no les gusta dar órdenes; sin embargo, después de algún tiempo se acostumbran. Si no tuvieran cierto deseo de controlar las cosas, no estarían pagando por ello. El poder realmente excita a la mayoría, lo cual es algo que no han tenido muy a menudo en el sexo. La idea de que yo esté ahí, listo para hacer cualquier cosa que quieran, o permitir que me hagan cualquier cosa, realmente las excita. Si así lo desean, hasta juego el papel de esclavo".

—¿Qué tipos de cosas le piden las mujeres que haga?

—Casi todas quieren un cunilingue. Según puedo ver, no hay muchos hombres que practiquen el sexo oral. A las mujeres les encanta pero no parecen lograrlo con mucha frecuencia. Creo que para eso vienen conmigo la mayoría de ellas. No tienen miedo de pedírmelo.

Un hombre que vive en Palm Beach, quien tiene el acento y el aspecto de las estrellas latinas de los años cincuenta y a quien con frecuencia se ve en los restaurantes y clubes más caros acompañado de mujeres con el pelo gris platino, me dio más consejos de este tipo. "Tienes que saber cuándo dejar que ella tome la batuta. Muchas personas piensan que yo soy un gran éxito porque dejo que ella se recueste y yo hago todo. No es así en absoluto. Es justo lo contrario. Soy un gran éxito porque dejo que ella me lo haga *a mí*. A ellas les gusta eso mucho más. Hay que entenderlo rápidamente, estar alerta. Si uno presiona cuando *ella* quiere presionar, tendrá a una amante muy infeliz.

"Después, tienes que estar preparado si ella desea que tú tomes la batuta. Lo intento diciéndole que me deje *a mí* dar las órdenes. Le digo que use la boca, o que haga esto o lo otro con la lengua, este tipo de cosas. Créeme, le hago saber el gran placer que me está dando. Le digo muchas, muchas veces lo buena que es ella para mí".

Un amante profesional de Chicago me contó sobre su especialidad:

"El masaje. Eso es lo que hago mejor. Y esa es la razón por la que las mujeres siempre me solicitan. No me estoy refiriendo a un masaje normal, como el que dan en un salón de belleza. Me refiero al *masaje sexual*".

Le pregunto cuál era la diferencia.

"El masaje sexual es un masaje que lleva a la zonas erógenas".

Intrigado, le pedí una descripción.

"Bueno, por lo general uso algún tipo de aceite, me gusta más el vegetal que el aceite para bebés, la piel no lo absorbe tan rápidamente. Prefiero el aceite de almendra, de aguacate o de oliva. Se puede lograr que huela mejor si uno agrega unas gotas de loción. Yo uso un poco de mi propia agua de colonia, para que el aceite huela como yo. Las mujeres se fijan mucho en los olores. De esta manera me recordará y también lo que hice por ella.

"Algunas veces caliento un poco el aceite, pero hay que tener mucho cuidado de no calentarlo en exceso; podría quemarse. Yo siempre hago la prueba poniendo unas cuantas gotas en mis muñecas antes de extenderlo en el cuerpo de ella.

"Una vez que uno empieza a dar el masaje, no hay que detenerse, ni siquiera por un minuto. Si quiere poner más aceite en sus manos, quédese ahí junto a ella. Ponga una pierna sobre la de ella, o el cuerpo. Cualquier cosa de manera que el contacto no se interrumpa. Una vez que retira las manos, el encanto se rompe.

"Yo trabajo en tres etapas.

"La primera es la de las zonas no erógenas. Ya sabes, la nuca, las pantorrillas, la parte más estrecha de la espalda.

"Después paso a los lugares que en realidad no son erógenos, pero que se aproximan bastante, tales como el estómago, la región glútea, la parte interior de los muslos, las orejas, la parte interior del codo, la parte interior de las rodillas.

"Finalmente paso a las zonas erógenas, especialmente los senos, los pezones, la vagina. Lo sigo concibiendo como un masaje. Eso es importante porque de esta manera ella puede excitarse sin hacerlo demasiado, por lo lo menos no todavía".

Le pedí que me recomendara algunas técnicas.

"Para los pezones, debe colocar los dos dedos pulgares juntos formando una línea, con uno de los pezones en medio. Después presione los pulgares en dirección opuesta. Haga esto en distintas posiciones. Alrededor y alrededor del pezón. Créame, a ella le gustará.

"Con la vagina, también hago algo especial. Si su vagina no se lubrica en forma natural, empiece usted a lubricar con las manos. Lo primero que yo hago es presionar la punta de los dedos pulgares en contra de la parte que se encuentra en la vagina y el ano. Eso, por sí mismo provoca una muy buena sensación.

"Después oprimo los pulgares en una línea recta hacia los labios internos. Después separo los pulgares, dirigiéndolos hacia afuera a través de los labios externos, vuelvo a regresarlos a los labios internos, y de vuelta a la parte abajo de la vagina. Repito, esto hasta que ella está tan excitada que ya no aguanta. Es entonces cuando termina el masaje y empieza el acto principal".

Un hombre de 35 años que vive en Los Ángeles y quien ha sido mantenido por varias mujeres desde que tenía 18, dice: "Si hay algo que le gusta a la mujer es una potencia duradera, especialmente si ella puede tener orgasmos múltiples. Únicamente los podrá tener si usted puede mantener la erección el tiempo suficiente como para provocárselos y algunas veces esto quiere decir, 20, 30 minutos o más. Ahora, es difícil permanecer erecto tanto tiempo sin venirse. Pero yo he aprendido a hacerlo.

"La forma de hacerlo es que tenga orgasmos múltiples usted mismo. La mayoría de los hombres no se dan cuenta de que el venirse no es lo mismo que tener un orgasmo. El orgasmo es la sensación de palpitación que se tiene cuando uno se viene, cuando uno eyacula, pero no tiene que venirse para tener esa sensación de palpitación. La puede lograr, 3, 4, 5 o más veces antes de venirse. De hecho, quizás hasta pueda lograr más que eso, pero después de 3 ó 4, no creo que obtenga el mismo placer del orgasmo que cuando finalmente si se venga.

"Por lo tanto, es maravilloso para ella porque se me puede parar mucho más tiempo. Y es fabuloso para mí, porque yo también obtengo así mucho más placer".

¿Cómo puede el hombre lograr estos orgasmos múltiples?

"Es una técnica que requiere de mucha práctica. Cuando un hombre está por venirse, los músculos de la pelvis en las piernas por lo general se encuentran en un estado de alta tensión. Si relaja conscientemente estos músculos, permite que desaparezca la tensión, y las sensaciones se vuelven muy intensas. Usted puede hacer posible una palpitación profunda que se aproxima al orgasmo. De hecho, *es* un orgasmo sin eyaculación. El aprender a aguantarse y a posponer la eyaculación sin eliminar las sensaciones requiere de práctica. Sin embargo, las recompensas son enormes".

Mi amigo Enrique nos brinda las últimas palabras de consejo: "Todo lo que hago está encaminado a que la mujer se sienta apreciada, haga yo el amor por dinero o no.

"Las mujeres solían ofrecerme una propina al final de la velada. Yo siempre la rechazaba. Decía algo como, 'no, fue un placer para *mí*'. Quería que pensaran que no había nadie con quien hubiera yo preferido pasar la noche. Después de que yo me fuera, quería que recordaran la velada como un verdadero intercambio de afecto, no únicamente como una transacción financiera".

Si ellos lo pueden hacer por *dinero* debe resultar fácil cuando es por amor.

12

COMO MANTENER VIVO EL AMOR

Olvide todo lo que ha oído sobre la palabra *tensión*. No piense en ella como en otra palabra para expresar "stress" o esfuerzo, sino como una fuerza positiva.

En la naturaleza, el término tensión se refiere al *equilibrio* que existe entre dos fuerzas. Por ejemplo, si dos planetas tienen una atracción igual, existe tensión entre ellos. Si uno de los planetas pierde parte de su fuerza de atracción (gravedad), se altera la tensión o equilibrio y los dos planetas se distancian o chocan uno con el otro.

No es una coincidencia el que los hombres y las mujeres actúen de la misma manera. En cualquier relación buena existe tensión. Existe un equilibrio entre las fuerzas. Al hombre le atrae la mujer, a la mujer le atrae el hombre, y esta atracción es más o menos igual. Si algo sucede para alterar el equilibrio, la relación se encuentra en problemas.

Sin embargo, la tensión incluye más elementos aparte del equilibrio. La verdadera tensión son dos fuerzas que se unen y llegan a una especie de armonía temporal. Una armonía que es estable; pero, no obstante, llena de energía. Esta es una buena descripción del mejor tipo de relación sexual.

Me gusta pensar sobre esta tensión en términos de T'ai Chi, un arte oriental que se está volviendo muy popular en todo el país. En T'ai Chi hay un ejercicio que se puede realizar con la pareja para lograr el nivel justo de tensión. Se llama "empujar-jalar".

Se coloca uno frente al otro y se ponen ambos antebrazos en contra de los del compañero. Después uno de los dos empieza a empujar. *No* es una prueba de fuerza. El propósito es trabajar junto con el compañero o pareja para mantener los brazos firmes y en contacto constante, a la vez que se sigue empujando.

Usted compensa el empuje de su pareja. Haga esto con suficiente frecuencia y aprenderá a "sentir" el nivel de presión, a predecir los cambios de la misma, y a compensarlos sometiéndose cuando ocurran. Los dos empiezan a funcionar como uno solo. Las manos pueden moverse a medida que la presión cambia, pero permanecen estables porque cada uno está compensando los cambios del otro. Hasta puede empujar con cierta fuerza, pero su pareja lo va a preveer y a compensarlo absorbiendo la fuerza y empujando a la vez.

En "empujar-jalar" se ejerce una gran cantidad de fuerza, o energía, a través de las manos; sin embargo, éstas permanecen estables, en una tensión perfecta. Cuando esto se realiza correctamente, casi se pueden sentir las chispas de energía que se transmiten entre los dos.

La mayoría de las mujeres que yo conozco siente esta tensión, aun cuando no le den ese nombre. No saben que es una parte crucial de las mejores relaciones.

Una mujer dice: "Cuando hago el amor, y hablo de *verdadero* amor, es como caminar por la cuerda floja. Me refiero a que juntos caminamos por la cuerda floja, pero no tenemos miedo de caer. Es emocionante, porque *podemos* caer, puede no funcionar por alguna razón, pero cuando funciona, es lo máximo. Algunos de mis mejores sueños son sobre estar en esas alturas. Existe el peligro de caer, eso es lo emocionante, pero no tengo miedo".

La tensión es lo que le da al sexo y a las relaciones esta emoción especial. Es ese aspecto adicional que cualquier mujer reconoce cuando lo siente y extraña cuando no está ahí. La tensión puede proceder de muchas cosas. Al igual que quien camina en la cuerda floja, algunas mujeres encuentran que el temor al fracaso ayuda a crear tensión. Una amiga mía de Nueva York opina: "El temor está aquí arriba. Junto con el amor y el sexo. Es parte inherente a la primera cita. Una no sabe qué esperar. Él tampoco lo sabe. Ambos están un poco asustados. Si todo sale bien, el temor es exquisito".

Sin embargo, ¿qué sucede después de la primera cita, o después del primer encuentro sexual? ¿qué sucede en medio de una relación a largo plazo cuando el temor al fracaso ya no es una posibilidad real, o por lo menos, no una posibilidad considerable para causar ninguna tensión real?

Una mujer que conozco y que ha estado felizmente casada durante diez años, a menudo se ha quejado conmigo (cuando nos encontramos solos) de que su esposo Bob es aburrido en la cama. "El sexo para nosotros es como hacer las compras de abarrotes. Si tengo hambre, me atrae más la comida o compro más, pero de cualquier manera se sigue tratando de comprar abarrotes". Esto es lo que puede suceder cuando la tensión desaparece del sexo.

Afortunadamente, el temor es sólo una de las fuentes de tensión en una buena relación amorosa. Existen muchas otras al igual que existen muchas relaciones sexuales buenas, amorosas, y mujeres satisfechas. Y lo mejor de todo es que la mayoría de las otras fuentes no se desvanece tan rápidamente como el temor al fracaso de la primera vez. Con base en "empujar-jalar" entre dos personas completas, esta dinámica mantiene viva y en desarrollo una relación a largo plazo.

Dominante/sumiso

El antiguo estereotipo dictaba que el hombre era totalmente dominante y la mujer totalmente sumisa. Una relación desequilibrada sin tensión. Ahora que cualquiera de los dos puede asumir cualquier papel, existe un elemento de incertidumbre que es perfecto para crear la tensión positiva.

Una maestra de lo suburbios de Boston opina: "Realmente es algo que está en el aire. Y de esa manera es como me gusta. Cada vez que vamos a la cama tenemos que sentirnos uno al otro. Hablo en serio. De esa manera, cualquier cosa puede suceder, y esto es emocionante. Ha sido emocionante casi durante cinco años, y todavía me encanta el sexo con él".

Tiene confianza en sí mismo/vulnerable

Todas las personas, hombres y mujeres por igual, vacilan entre momentos de confianza en sí mismos y momentos de vulnerabilidad. Esta es una importante fuente de tensión sexual constructiva. A muchas mujeres las excitan enloquecedoramente los hombres que tienen confianza en sí mismos; sin embargo, esta excitación se desvanece rápidamente si el hombre no es capaz de vulnerabilidad. Una joven oficinista de Nueva York, me dijo confidencialmente: "Te voy a decir lo que es "sexy", el hombre que es tan fuerte que no teme admitir que está inseguro de vez en cuando".

Muchas mujeres están de acuerdo con que nada las enfría más que la predictibilidad. Un amigo mío señala lo mismo al terminar siempre nuestras conversaciones, en especial las relativas al sexo, con las siguientes palabras: "Que siempre tengan algo que imaginarse". Siempre que tengan que imaginarse lo que va a suceder la siguiente vez, con respecto a si el hombre va a demostrar su autoridad o a confesar sus necesidades emocionales existe tensión sexual en el aire y una buena relación sexual está en puerta.

Tierno/apasionado

Tanto la ternura como la pasión tienen su lugar en la cama, pero una o la otra solas llevan al aburrimiento. Una mujer afirma: "Algunos hombres son demasiado exagerados, otros demasiado indiferentes. En lo que a mí respecta, ambos son un fracaso. Lo mejor del sexo es ambas cosas a la vez. Parte de mí quiere ser cogida, otra parte desea amor. Algunas veces pienso que la única solución es tener dos hombres a la vez".

La mujer no debería ir a ese extremo para tener satisfacción. El hombre que es capaz de expresar tanto ternura como pasión logrará él solo el "matiz" necesario de emoción en el acto de hacer el amor.

Conocido/desconocido

Una forma de mantener la tensión en el sexo es equilibrando lo conocido y lo desconocido. A la mujer que le gusta el matiz de incertidumbre, es un poco como quien camina sobre la cuerda floja y le gusta coquetear con el fracaso. Siempre existe la posibilidad de perder algo, de cometer un error, de causar dolor o desagrado. Sin embargo, esa posibilidad es exactamente lo que hace que esto sea emocionante.

Una ama de casa del Medio Oeste comenta: "Yo no soy de las que experimentan en la cama, no obstante, de vez en cuando, mi esposo intenta algo nuevo, algo inesperado. Es un astuto. Lo hace sólo con la suficiente frecuencia de manera tal que nunca estoy segura de si me va a sorprender. Y las sorpresas son maravillosas".

El hombre que sabe cómo hacerle el amor a una mujer, sabe cómo utilizar estas distintas fuentes de ten-

sión sexual (y otras) en la misma forma en la que emplea
distintas técnicas o posiciones para hacer el amor de
una manera más satisfactoria, más significativa, para
hacer que salgan chispas.

Por ejemplo, el hombre debe poder sentir cuando
la mujer quiere jugar el papel dominante y compensar
retirándose a la sumisión. Sin embargo, no debe quedarse ahí. Al igual que la pareja en T'ai Chi, siempre
debe aplicar presión para dominar, pero no tanta que
desaliente los esfuerzos de ella por hacerlo, aunque sí
suficiente para mantener la tensión, la incertidumbre
con respecto a qué sucederá después.

De igual manera, el hombre debe saber cuándo
responder a una mujer que muestra confianza en sí misma con vulnerabilidad, y cuándo "responder" a la ternura con pasión. Una bonita ejecutiva de cuenta en un
comercio del Medio Oeste opina: "Una de las cosas que
hace que el sexo sea tan bueno, es que es muy compli-
cado. Suceden tantas cosas a la vez, existen tantas posibilidades. Se asemeja a los actos en el circo en los que el
hombre hace que tiren quince platos a la vez. El buen
sexo es así".

Es útil estar consciente del papel que juega la tensión al hacer el amor. Es tan fácil caer en patrones, en
formas rutinarias de hacer las cosas y de responder a las
situaciones. Muchas de las mujeres casadas con las que
he hablado dicen que este es el principal problema en
cuanto al sexo. Una ama de casa de Nueva Jersey se la-
menta: "Todo es tan previsible, yo ya sé cuándo va a
gemir él. Ya sé lo que va a decir, la forma en la que
va a apretar los dientes".

Una mujer casada que vive en la ciudad de Nueva
York admite: "Es mi culpa tanto como la de él. Siempre es lo mismo. Él hace esto, después yo hago lo otro,
después él hace lo mismo. Algunas veces siento que es

como un espectáculo que ha estado durante mucho tiempo en Broadway".

Si el hombre puede aprender a entender la idea de la tensión creativa en una relación, ya sea o no en la cama, entonces ha dominado una forma totalmente nueva de traer energía a la relación. Sin embargo, para realmente lograr una tensión creativa, se requiere de la participación completa de la pareja. El hombre debe proveer y fomentar la participación activa de la mujer en el acto de hacer el amor. No es algo que el hombre pueda traer a casa un día e imponer en la relación. El proceso de aprendizaje, al igual que el "empujar-jalar" del T'ai Chi tiene que ser mutuo.

13

TERAPIA SEXUAL

Muchos hombres con serios problemas temen consultar al terapeuta sexual. No importa lo mucho que se vea afectada su relación, siguen renuentes a buscar ayuda profesional. Una ama de casa de Connecticut dice: "Yo sólo he tenido dos verdaderos problemas en mi familia, lograr que mi hijo se sacara la muela del juicio y lograr que mi esposo viera a un terapeuta sexual".

Las mujeres no son las únicas que encuentran tan difícil como sacar una muela, el convencer a un hombre de que consulte al terapeuta. Los terapeutas mismos se quejan de que los hombres siempre son arrastrados a sus consultorios. Un conocido terapeuta sexual de Nueva York afirma: "En cualquier pareja que me visita, siempre hay una persona que realmente es la fuerza impulsora, la persona a la que originalmente se le ocurrió venir a verme. Nueve de cada diez veces, o mejor dicho, noventa y nueve de cada cien, es la mujer".

¿Por qué los hombres son tan renuentes? En parte, es un trauma macho. Una de las grandes líneas de las películas de John Wayne, es cuando Duke increpa a un joven por decir "lo lamento". "No pidas disculpas, hijo", refunfuña. "Es una señal de debilidad". Para demasiados hombres, el acceder consultar al terapeuta sexual es como decir, "lamento que estemos teniendo problemas". Es una señal de debilidad.

Los hombres tienden a ser tan sensibles a la crítica sexual, que están dispuestos a hacer cualquier cosa para

evitarla. Temen tener que llevar en la chaqueta una gran
"I" roja que los etiquete para siempre como impotentes,
o "EP" para el temido eyaculador prematuro. En el
corazón tienen tanto miedo de que estas cosas sean ciertas, o irreversibles, que no soportan la idea de que se
los confirme un experto.

Aun el que la esposa o un amigo les sugiera que pueden recibir ayuda puede ser confundido con un rechazo
serio.

Uno de los pocos hombres que se atrevió a hablar
de este aspecto dijo: "Cuando mi esposa me comentó
algo sobre terapia sexual, casi me salí por el techo,
pensé que estaba tratando de decir en una forma muy
sutil que quería el divorcio. No pude dormir durante
una semana y la idea del sexo me enfriaba por completo.
Pensé 'ahora sí necesito terapia'. Así es que ella ganó".

No suponga que debido a la renuencia del hombre
a buscar ayuda profesional para los problemas sexuales
es que no la necesita. Masters y Johnson calculan que
aproximadamente la mitad de los hombres y mujeres
en Estados Unidos tienen una relación en la que hay
un problema sexual de cualquier tipo. Y a juzgar por
las mujeres que he entrevistado, ese cálculo pudiera
ser conservador.

Una hermosa analista de computación, de veinti-
tantos años, dice: "No te quiero decir con cuántos hombres he ido a la cama, pero calcularía que tres o cuatro
de ellos tenían problemas serios, realmente serios".

Para aprender más sobre los problemas sexuales y
sobre la terapia sexual, acudí a un prominente psicólogo de Chicago que se especializa en terapia sexual. Quiero
transmitir lo que él me informó para que los hombres
que lean este libro puedan lograr un mejor entendimiento de lo que puede hacer el terapeuta sexual, y
hasta quizás realizar una cura en casa.

¿Por qué los hombres tienen problemas sexuales?

Para el hombre, igual que para la mujer, el temor y la angustia son los principales culpables. El psicólogo y terapeuta de Chicago afirma: "Ésta es una lección elemental. Si a usted le preocupa el desempeño, es mucho más difícil que se le pare y mantener la erección. Si le cuesta trabajo lograr la erección, la angustia lo invade y se eliminan las posibilidades de lograrla.

"El problema estriba en que no se puede lograr la erección hasta que no se recupere la confianza en sí mismo, y no se puede recuperar la confianza en sí mismo hasta que no se tenga una erección. La tarea del terapeuta es poner fin a esta espiral descendente antes de que quede totalmente fuera de control".

Sin embargo, los problemas sexuales ocasionales a menudo pueden ser resueltos sencillamente con la ayuda de una pareja sexual comprensiva y cálida. El terapeuta, quien también es psicólogo, añade: "Existen muchos tipos de 'remedios caseros' para los problemas sexuales de menor importancia, suponiendo, por supuesto, que cuenta con una pareja sexual adecuada".

Al decir "pareja sexual adecuada", se refiere a alguien que esté dispuesto a dar prioridad a las necesidades sexuales de usted, y a resolverlas, que a las necesidades sexuales inmediatas propias, con alguien con quien hacer el amor sea una experiencia de calidez, a alguien a quien le importe más hacer el amor que tener sexo.

¿Qué se puede hacer con respecto a la impotencia?

"Casi estoy por renunciar al sexo por completo. He ido a la cama con siete hombres en cuatro meses, *siete*, y el sexo no ha funcionado ni una sola vez. Siento que soy un fracaso. Veo a un hombre varias veces, nos simpatizamos, vamos a la cama, y algo marcha mal. No se le para, se viene demasiado rápido, siempre sucede algo.

"Mi peor experiencia fue con Jon, un amigo de la oficina. Era sensacional, sensible, inteligente, con un buen sentido del humor. La primera vez que fuimos a su departamento nos metimos a la cama y nos acariciamos durante un rato, lo cual estuvo sensacional, pero después no pasó nada. Yo empecé a sentirme rara. Lo que quiero decir es que él estaba recostado contra mí y no había erección, nada.

"Después me dijo que él tenía que masturbarse para lograr una erección. Eso fue como una ducha de agua fría. Durante quince minutos lo intentó. Ya con eso las cosas estaban mal, pero ni siquiera tenía éxito. Era realmente deprimente. Después de un rato sugirió llevarme a casa. No lo he visto desde entonces. Es una lástima, pero realmente no sé cómo manejar estos problemas".

Le pregunté al terapeuta qué es lo que él le hubiera dicho a Nancy si ella hubiera acudido a él.

"El problema estriba en que muchas mujeres, en especial las más jóvenes, se culpan a sí mismas por los problemas de erección.

"Sin embargo, a medida que maduran, por lo general se vuelven más comprensivas. A la mayoría de las mujeres les gusta el hombre vulnerable, honesto, y que en ocasiones necesita ayuda. También les gusta que les confirmen que el hombre quiere el sexo para expresar su amor, no sólo como alivio sexual. Si Jon hubiera sido honesto con ello, ella seguramente le hubiera dado justo lo que él necesitaba: hacer el amor sin la presión del desempeño sexual".

Les pregunté a varias mujeres cómo reaccionarían ellas en una petición tan poco común. Una mujer amiga mía que vive en Boston, me dijo que un hombre, a quien ella encontraba muy atractivo sexualmente, le había hecho esta petición. No se disculpó por el problema, me comentó ella. Sólo lo planteó exponiendo los hechos. En vez de enfriarse, ella quedó encantada de que él hubiera tenido suficiente confianza en ella para compartir sus problemas tan abiertamente. "Fue maravilloso, tan honesto e íntimo.

"Fue un reto. Me llegó al complejo de salvadora que tengo. Me emocionó pensar que yo podría ser la primera mujer que lo ayudara a tener un orgasmo. También lo encontré bastante liberador, me ponía a mí en control. Por supuesto, algunas veces era endomoniadamente frustante. Me llevó tres meses antes de que él se sintiera lo suficientemente cómodo para lograr una verdadera erección satisfactoria. Sin embargo, la recompensa fue grande. Nuestra relación terminó a la postre pero seguimos siendo buenos amigos. Las mujeres que consideran la impotencia como una señal de rechazo, se están perdiendo mucho".

Le pregunté al terapeuta de Chicago cómo sugeriría él que Jon manejara el problema.

"Tiene que darse cuenta de que no va a lograr la erección con sólo desearla. El pene no se desempeña a solicitud. Únicamente la excitación sexual puede hacer que se endurezca. Cuanto más se preocupe de la erección, dicha preocupación desvanecerá más la excitación sexual. Y menos probable será que logre una erección. La mejor cura para la impotencia es ir a la cama rechazando conscientemente la posibilidad de tener una erección y realizar el coito.

"Se puede hacer cualquier otra cosa. Besarse, acariciarse, sexo oral. Pero no debe de tratar de lograr una erección. Si empieza a endurecerse después de algunas veladas, no debe tratar de hacer nada al respecto. No debe tratar de apresurarse. Cuando empiece a endurecerse como algo regular, cosa que sucederá, a menos de que el problema sea médico, puede empezar a penetrar la vagina.

"Yo recomendaría que *ella* inserte el pene para que él no se distraiga con los aspectos mecánicos del proceso. Él debe enfocarse en el placer. Una vez que haya sido insertado, él deberá impulsarse hacia adentro y hacia afuera lentamente. No debe preocuparse si empieza a perder la erección. Regresará. Si no esa noche, la noche siguiente. Asimismo, le diría que no se preocupara por el orgasmo, ya sea el de él o el de ella. Esto sólo constituye más presión, y la presión es lo último que necesita.

"Si hace estas cosas, y realmente supera la preocupación, sucederá. A la postre, tendrá un orgasmo, no habrá nada que pueda hacer para evitarlo, y una vez que logre su primer orgasmo, se habrá superado el bloqueo mental; a partir de entonces, no deberá tener ningún problema".

¿Qué se puede hacer con respecto a la eyaculación prematura?

Muchos hombres, quizás la mayoría, eyaculan antes de que la mujer logre el orgasmo, el resultado es que muchas mujeres, tal vez la mayoría, están insatisfechas con su vida sexual.

"Eyaculación prematura", naturalmente, es un término relativo. La eyaculación es prematura únicamente porque se realiza antes del orgasmo de la mujer. No existe un momento determinado, sólo es cuestión de que su eyaculación permita que la mujer logre el máximo placer. El problema estriba en que la mayoría de las mujeres les lleva más tiempo lograr el orgasmo que a los hombres. Puede llevarse veinte minutos, o aun más.

Naturalmente, usted puede seguir dando masaje al clítoris mucho después de que se ha venido. Sin embargo, el sexo será mucho más placentero para ambos si usted aprende a mantener la erección tanto tiempo como sea posible. *Sí* se puede lograr. De hecho, en las prácticas sexuales Indias Tántricas, el máximo logro sexual para el hombre es la habilidad de realizar el coito durante más de una hora y no eyacular *nunca*.

¿Qué puede hacer el terapeuta con respecto a la eyaculación prematura?

"Hay muchas formas erróneas de evitar la eyaculación prematura", dijo el terapeuta. "Como la causa del problema está aquí arriba (en la mente) muchas formas de curación tratan de que la mente no piense en el sexo mientras el cuerpo se excita. Tratan de que usted piense sobre algún tema relacionado, o de distraerlo con dolor, por lo general mordiendo o pellizcando.

"El problema con estos dos enfoques es que lo distraen de su concentración. Recuerdo que la esposa de uno de mis pacientes dijo algo así, 'no me importa si el pene de él todavía está en mi vagina. ¿A quién le importa cuando su corazón y mente están viendo un juego de beisbol? Es *a él* a quien deseo, no sólo a sus genitales'. Debo haber repetido esto a cien pacientes. Al hacer el amor la concentración es más importante que la penetración".

¿Cuáles son algunas de las formas "correctas" para evitar la eyaculación prematura?

"Al igual que cualquier terapia, lo primero y más importante es una pareja cooperativa y cálida. El procedimiento se conoce como 'la técnica de apretar'. Es complicada, pero razonablemente sencilla a la vez.

"Si el hombre está por eyacular, por lo general puede detenerse haciendo presión con el dedo pulgar contra el frenillo, que es la parte inferior sensible del pene en la que el glande o cabeza del pene se une con el eje. Se necesitan uno o dos dedos del otro lado con apoyo, pero todo lo que tiene que hacer es apretar un poco, no con demasiada fuerza. Sólo se requieren unos cuantos segundos.

"Lo puede hacer usted mismo, o le puede enseñar a su pareja a hacerlo. Naturalmente, si lo hace su pareja, usted tiene que decirle a ella cuándo aplicar la presión, cómo sentir con los dedos la palpitación que indica la inminencia del orgasmo. Al principio evite el coito; pídale a ella que lo estimule oral o manualmente. Después de que ella haya aprendido a determinar el momento oportuno, puede montarse en la parte superior e insertar el pene en su vagina, con los dedos de ella sosteniendo la base del pene.

"Esta primera etapa es únicamente penetración, no coito. Deje que ella controle los movimientos, la entrada y la salida, para liberarlo a usted de toda responsabilidad. Las posiciones del hombre arriba quedan eliminadas. Cuando esté por eyacular, *ella* debe retirar el pene y aplicar la presión. Después de un tiempo, usted podrá mantener la erección mucho más tiempo sin eyacular".

Los problemas sexuales de algunos hombres son de naturaleza fisiológica. *Siempre* les cuesta trabajo lograr la erección. Quien tenga problemas sexuales persistentes se debe investigar la posibilidad de que el problema realmente se encuentre en el cuerpo y no en la mente. La diabetes, las enfermedades endocrinas, las lesiones al sistema nervioso central, poca sangre arterial, y el abuso de drogas han sido identificados como causas de impotencia.

Sin embargo, vale la pena repetir que la proporción de problemas sexuales que son causados totalmente por un mal funcionamiento corporal es muy pequeña. Por cada hombre que tiene un problema fisiológico que lleva a la impotencia o a la eyaculación prematura, hay cientos que sufren de una eyaculación prematura o de impotencia ocasional debido a razones psicológicas: demasiadas preocupaciones en la oficina, beber en exceso, demasiada ansiedad en cuanto al desempeño sexual. Existe una lista de causas que es tan larga como la de víctimas.

Los problemas sexuales persistentes y serios, aun los de naturaleza psicológica, requieren de la ayuda de un profesional.

14

UN FUEGO VIVIENTE

No hace mucho tiempo, mi amiga Suzanne hizo otra visita a Nueva York. Cuando la fui a recibir al aeropuerto, me maravilló lo hermosa que es. Aun en medio de la muchedumbre, podía yo ver la chispa, la vida, en esos grandes ojos. De repente tuve el presentimiento de que seríamos amantes.

Al ir manejando hacia la ciudad, le dije que el libro ya estaba casi terminado, pero que tenía problemas con el final. De alguna manera estaba incompleto, le faltaba algo vital. Ella se ofreció a venir a mi departamento a echarle un vistazo.

Nos quitamos el abrigo, yo serví dos copas de brandy y ella me siguió al escritorio, el cual estaba cubierto de papel hecho bolas.

—¿Qué es lo que quieres decir? —me preguntó.

Me puse a reflexionar durante un minuto.

—Todavía estoy tratando de transmitir algo en cuanto al misterio que se realiza cuando dos personas se aman. Ya sabes, esa felicidad intensa y serena que sientes cuando haces el amor físico. Para muchas personas, creo que la experiencia sexual es una experiencia espiritual, quizás la única de este tipo que han tenido.

—Hmm —murmuró ella, hojeando la pila de libros sobre sexo que había acumulado durante la investigación del libro— ¿qué es lo que quieres decir exactamente?

—Bueno —contesté—, cuando tocas a una mujer que amas, creo que formas un lazo que es mucho más que sólo físico. Es como si tus dedos se arraigaran en el cuerpo de ella. Existe una conexión inmediata. Es como si le pasara energía y esto le da a cada movimiento, a cada sensación, a cada placer, una dimensión adicional.

—Pienso que eso es lo que desea todo mi ser. Ese cierto algo es lo que hace que el sexo se convierta en amor y el hombre en amante.

—Y creo que todos los hombres son capaces de comunicar ese cierto algo a la mujer que aman y hacerla sentir que forma parte de él y que él es parte de ella. No se necesitan talentos especiales. Por supuesto que no es necesario un determinado aspecto físico. Todo lo que se necesita es el valor de correr el riesgo emocional, de abrirse al éxtasis de dos personas que se hacen una.

—Si enfocas toda la atención y afecto en ella, el contacto entre sus cuerpos va a estar vivo con electricidad sexual. Compartirán la más rara de todas las intimidades.

—Si ella responde de la misma manera, sus cuerpos fluirán uno en el otro en los puntos en los que se tocan, y en los ojos. Los dos se unirán en el tipo de unión perfecta, mística, casi espiritual que es la esencia de hacer el amor.

—Creo que ya sé hacia dónde vas —me dijo suavemente—, tengo justo lo adecuado para ti. ¿Por qué no usas una cita de D.H. Lawrence? Yo sé que tienes *Mujeres enamoradas* porque me lo prestaste una vez. Déjame mostrarte un pasaje. ¿En dónde están tus novelas?

La llevé al librero y después de unos minutos de buscar encontré el gastado volumen en su lugar. Ella se sentó junto a mí en el sillón y se puso a leer un rato. Finalmente, me miró, su mano sobre mi brazo, y dijo:

—Aquí está, mi pasaje favorito.

Con las manos, ella siguió la línea de la espalda y los muslos de él, por la parte posterior, y un fuego viviente la recorrió, desde él, de una forma oscura. Era un flujo oscuro de pasión eléctrica que ella liberaba de él, y atraía

a sí misma. Ella había establecido un rico circuito nuevo, una nueva corriente de energía eléctrica pasional,
entre ambos, liberada de los polos más oscuros del cuerpo y establecida en un circuito perfecto. Era un oscuro
fuego de electricidad que emanaba de él hacia ella, y
los inundaba a ambos con una maravillosa paz y satisfacción.

—Mi amor —exclamó ella levantando la cara hacia
él, sus ojos, su boca abiertos con éxtasis.

—Mi amor —le respondió él, acercándose hacia ella
y besándola, siempre besándola.

ESTA EDICIÓN SE TERMINÓ DE IMPRIMIR
EL 31 DE OCTUBRE DE 1997 EN LOS TALLERES
TRABAJOS MANUALES ESCOLARES, S.A. DE C.V.
ORIENTE 142 NO. 216 COL. MOCTEZUMA 2A. SECC.
15500 MÉXICO, D.F.

412069